질병은
인생의
여름휴가

Original Japanese title: BYOUKI WA JINSEI NO NATSUYASUMI GAN KANJA WO YUKIZUKERU

80 NO KOTOBA

© 2016 Okio Hino

Original Japanese edition published by Gentosha Inc.

Korean translation rights arranged with Gentosha Inc.

through The English Agency (Japan) Ltd. and Danny Hong Agency

Korean language edition published by Sung An Dang, Inc., Copygriht © 2018

몸과 마음에 용기를 주는 83가지 위로의 말

질병은 인생의 여름휴가

히노 오키오(樋野興夫) 저
김영진 역

BM 성안당

머리말

 인간은 누구나 '진정한 삶의 근원적인 의미'가 무엇인가를 생각하고 자신의 삶 속에서 추구하여야 합니다. 그러나 대개는 주변 사람들의 평가와 반응에만 관심을 쏟으면서 '진정한 삶의 근원적인 의미'를 잃어가고 있습니다. 바쁜 일상생활 속에서 살다 보니 아예 이를 생각조차 하지 않는다고 해도 과언이 아닙니다.

 그런데 암을 비롯한 다양한 질병과 마주한 사람들은 이를 계기로 '진정한 삶의 근원적인 의미'를 되새겨보는 시간을 갖게 됩니다. '나는 무엇을 위해 살아가고 있는 걸까? 내 인생의 역할과 사명은 무엇일까?'

 또 큰 질병뿐 아니라 인생살이의 각종 역경에 직면했을 때도 우리는 이와 같은 질문을 합니다. 이처럼 자신의 인생과 마주하는 계기는 뜻하지 않은 형태로 주어집니다.

'무엇을 말했는가?'가 아니라 '누가 말했는가?'

저는 일본 준텐도(順天堂)대학교 의과대학에서 병리학자로 일하고 있는데, 임상의와는 달리 외래 환자를 진찰하는 일은 없습니다. 그러한 제가 의료 현장과 환자 간의 간극을 줄이는 시도의 일환으로 '암철학외래(癌哲學外來)'를 개설한 것은 2008년 1월입니다. 그로부터 지금까지 3,000명이 넘는 환자와 그 가족들을 만나보았습니다.

'암철학외래'에서는 환자 개개인에게 '언어 처방전'을 내놓습니다. 인간으로서 살아가는 '진정한 삶의 근원적인 의미'를 상실한 사람들, 앞으로 어떻게 살아가야 좋을지 몰라 당황해하는 사람들에게 '언어 처방전'을 통해 삶의 힌트를 제공하는 것입니다. 어떤 말이 효과가 있느냐는 환자에 따라 달라지므로, 저는 언어 처방전을 쓸 때 환자 개개인의 표정과 상황을 파악하면서 그 사람에게 적합한 선인(先人)들의 말을 기억 속에서 이끌어내려고 노력합니다.

이렇게 표현하니, 왠지 대단한 일을 하고 있는 것처럼 생각하실 수도 있지만, 그다지 내어놓고 자랑을 할 만한 일은 아닙니다. 사실 저의 지식과 감성으로 전할 수 있는 말은 뻔합니다. 중요한 것은 '무엇을 말했느냐(내용)'가 아니라 '누구의 말을 전해주었느냐?'입니다. 즉 제 자신이 하는 말이 아니라 제가 존경하는 선인

들의 말을 빌려서 '언어 처방전'을 제공하고 있을 따름입니다.

'진정한 삶의 근원적인 의미'를 재검토하고 싶을 때에 다시 읽으면서, 수많은 잎이 달려 있는 커다란 나무를 생각해 보시기 바랍니다. 중심에는 굵은 줄기가 있고, 거기에 수많은 가지가 질서 있게 자라고, 그 가지들에는 잎이 무성하며, 꽃이 피고, 이윽고 열매가 맺힙니다.

마찬가지로 우리 인생에도 굵은 줄기가 되어 줄 '진정한 삶의 근원적인 의미'가 필요합니다. 뿌리와 줄기가 튼튼하지 않으면 태풍이 휘몰아치는 순간 힘없이 쓰러져 버리는 것처럼, 연약한 의지로는 자신의 인생을 풍요롭게 살아나가기가 어렵습니다.

저는 스스로 '진정한 삶의 근원적인 의미'를 재검토하고 싶을 때마다 니토베 이나조(新渡戸稲造)의 『무사도(武士道)』와 우치무라 간조(内村鑑三)의 『대표적 일본인(代表的日本人)』이라는 책을 집어 듭니다. 제가 이 두 권의 책을 처음 접한 것은 대학 입시에 실패하고 교토에서 재수생 생활을 하고 있던 때입니다. 저는 이 책들을 읽으면서 강하게 감동을 받은 부분, 미처 깨닫지 못했던 부분, 인생에 롤 모델이 될 것 같은 부분에 빨간 줄을 그어가며 읽었습니다.

그 후에도 여러 차례 반복하여 읽었지만, 신기하게도 빨간 줄을 그은 내용들이 주는 감동은 40년 이상의 세월이 지났어도 그때나 지금이나 거의 변함이 없습니다.

인생의 '진정한 삶의 근원적인 의미'가 되려면 어설픈 것으로는 안 됩니다. 누가 보든지 신뢰할 수 있는 것이어야만 합니다.

그렇게 생각했을 때 맨 먼저 떠오른 이름이 니토베 이나조와 우치무라 간조 두 사람입니다. 1867년 메이지유신(明治維新) 이후 박애·신뢰·교양면에서 시대를 초월하여 일본이 자랑할 수 있는 인물로 이 두 사람을 능가할 이는 없다고 생각합니다.

『무사도』는 외국인에게 '일본인이란 누구인가?'를 설명하기 위해 영어로 쓰여진 책으로, 도덕론을 논한 것도, 종교를 다룬 것도 아닙니다. 일본인의 밑바탕에 흐르는 '진정한 삶의 근원적인 의미'를 이해할 수 있게 하는 내용입니다.

『대표적 일본인』에서는 5명의 인물이 소개됩니다. 각각의 인물마다 장점이 있는데, 사이고 다카모리(西鄕隆盛)에게는 '도량'과 '각오', 우에스기 요잔(上杉鷹山)과 니노미야 손토쿠(二宮尊德)에게는 '리더십', 나카에 도주(中江藤樹)에게는 '교육의 중요성', 니치렌(日蓮)에게는 '신념의 강인함'을 배울 수 있습니다.

'암철학외래'를 찾아오는 분들이, 무더운 여름날 시원한 냉수를 마신 것처럼 상쾌한 표정으로 귀가하시는 모습, 올 때와는 전혀 다른 사람처럼 표정에 어두운 그림자가 사라지고 매우 밝고 흐뭇한 모습으로 그 자리를 떠나시는 순간을 대할 때마다 새삼스레 언어의 힘을 깨닫습니다.

언어는 하나의 도구로서 사람에게 상처를 냄과 동시에 사람을 위로하기도 하고, 용기를 북돋기도 하는 힘이 있습니다. 똑같은 말을 해도 어떤 사람은 화를 내고, 어떤 사람은 기뻐합니다. 언어란 이처럼 신기한 것입니다.

제가 '암철학외래'에서 제공하고 있는 '언어 처방전'은 앞의 두 인물 외에 남바라 시게루(南原繁 : 전 도쿄데이코쿠대학 총장·정치학자), 야나이하라 다다오(矢內原忠雄 : 전 도쿄대학 총장·경제학자·사상가), 요시다 도미조(吉田富三 : 병리학자)를 비롯한 선배들의 말이 원천입니다. 제가 지금까지 빨간 줄을 그어 가며 읽은 뒤 마음의 서랍 속에 담아 두었던 말들입니다. 그중에는 제 나름대로 각색하기도 했지만, 밑바탕이 된 것은 역시 선배들의 수많은 말입니다.

인간의 존엄에 관계되는 깊은 곳에까지 파고들며, 마음 밑바탕에 쌓여 있는 것을 퍼 올리는 작업까지 해야만 사람의 심리는 안정되는 법입니다. 여러 병원의 의사들을 만나 상담을 반복하여도 마음속의 자욱한 안개는 그렇게 쉽사리 걷히지 않습니다.

이 책에서 소개하는 83가지의 말에는 사람을 변화시키는 힘이 있습니다. 어떤 경우이든 말 한 마디로 사람의 마음과 표정이 변하기도 합니다. 이 책을 통하여 살아가면서 그와 같은 말이 한 가지라도 더 많이 발견되기를 진심으로 바랍니다.

히노 오키오

|차례|

제2장 질병이 반드시 나쁜 것만은 아니다

제4장 수명은 그냥 놔두세요

제5장 환자·가족과의 교제 방법

제6장 인생을 더욱 풍요롭게 하는 배움

제1장

역경은 극복할 수 있다

하늘이
무너져도
솟아날
구멍은 있다

'이렇게 내 인생은 끝나는 것인가? 앞으로 나아갈 수도 되돌아갈 수도 없는 진퇴양난의 상황에 처해 하늘이 무너지는 느낌이다.'

만약 당신이 이와 같은 역경에 처해 있다면, 나는 당신에게 이 격언을 전하고 싶습니다. "하늘이 무너져도 솟아날 구멍은 있다"라고 말이죠.

고개를 들어 천천히 하늘을 쳐다보세요. 하늘은 항상 누구에게나 똑같이 열려 있습니다. 어떤 역경과 맞닥뜨려도 당신에게는 당신만이 할 수 있는 역할이 있습니다. 단지 그 점을 깨닫느냐 아니냐가 중요하지요.

진인사대천명(盡人事待天命). 당신이 할 수 있는 모든 일에 최선을 다했다면 이후의 결과는 모두 하늘에 맡기세요. 앞으로 닥칠 미래는 우리 인간이 컨트롤할 수 있는 범위 밖에 있으니까요.

> "도저히 빠져나갈 구멍이 없는 역경으로 인해 불행이 계속되고, 마음도 몸도 지칠 대로 지쳐 도망갈 곳도 숨을 곳도 없다. 이제 더 이상 살아갈 희망을 잃고 하늘을 우러러보며 마음을 추스려 본다. 그때 어디선가 나를 위로해 주는 바람이 불어오는 것은 어찌된 일일까?"_ 니토베 이나조●

● 니토베 이나조(新渡戶稻造, 1862년~1933년): 일본 메이지 시대와 다이쇼 시대에 걸쳐 활동했던 사상가이자 기독교인, 농업 경제학자, 작가, 교육가, 외교가, 정치가이다.

최선을
다해
오늘을
살아가자

"한 나라의 통치자부터 일반 서민에 이르기까지, 인생의 첫째 목적으로 삼아야 할 덕목은 올바르게 사는 것이다"라고 에도 시대의 교육자 나카에 도주(中江藤樹)˙는 말했습니다.

올바르게 살아간다는 것은 곧 성실하게 살아가는 것을 의미합니다. 아침에 일어나 '오늘'이라는 하루를 최선을 다해 살아가려고 합니다. 그리고 실제로 내가 할 수 있는 범위 내에서 최선을 다하겠다'는 태도로 생활하는 것입니다.

잠자리에 들기 전에는 '나는 오늘 하루도 성실히 보냈는가? 매사에 최선을 다했는가?' 하고 자문하며 하루를 되돌아보세요. 후회는 하지 마십시오. 한바탕 울거나 아니면 웃을 일로 마무리될 거예요.

최선을 다해 하루하루를 살아갈 수만 있다면 그걸로 충분합니다. 지나간 일과 미래의 일을 생각할 필요는 없습니다.

오늘이라는 하루를, 지금 이 순간을, 나 자신에 대해서도 상대방에 대해서도 최선을 다해, 혼신의 힘을 다해 살아가면 그걸로 족합니다.

그 하루하루가 쌓이고 그러한 생활이 몸에 밴다면 더 이상 초조함과 불안함은 고개를 들지 않을 겁니다.

● 나카에 도주(中江藤樹, 1608년~1648년) : 철학자로, 일본 양명학의 시조

시련이
닥친
때야말로
웃을
때다

기쁘니까 웃는 것이 아니라 웃으니까 기뻐지는 겁니다. 슬프니까 우는 것이 아니라 우니까 슬퍼지는 겁니다. 그것이 바로 인간입니다.

아무리 혹독한 시련이 닥쳐도 웃으세요. 그러면 신기하게도 기분이 좋아진답니다.

항상 찌푸린 얼굴을 하고 있거나, 불평불만을 늘어놓는 사람 곁에는 사람들이 모여들지 않습니다. 그와는 반대로, 죽음을 눈앞에 두고 있더라도 밝고 따뜻한 얼굴을 하고 있으면 '저 사람한테는 하루도 빼놓지 않고 문병하러 가고 싶다'라며 사람들이 모여듭니다.

'인생의 가시밭길 위에 서 있더라도 잔치를 하자'는 겁니다. 기쁘니까 웃는 것이 아니라 웃으니까 기뻐지는 겁니다. 시련이 닥쳤을지라도 당신의 웃는 얼굴, 당신의 미소가 주변 사람들까지 따뜻한 분위기 속으로 이끕니다.

어찌 해야
좋을지
모를 때는
아무 것도
하지 말자

"가족을 위해 제가 무엇을 하면 좋을까요? 병든 몸으로 제가 할 수 있는 것은 아무것도 없습니다. 도대체 무엇을 어떻게 해야 좋을지 모르겠습니다. 아무것도 할 수 없는 저는 살아 있을 가치가 없는 쓸모없는 인간처럼 느껴집니다."

무엇을 어떻게 하면 좋을지 모르겠다고요? 누구에게든지 그런 때가 있습니다. 그런 때는 굳이 아무것도 하지 않아도 좋습니다. 예를 들면 사랑을 억지로 하려고 하지 마세요.

마음으로부터 하고 싶은 것이 생길 때까지 기다리면 됩니다. 물론 그동안에도 인간으로서 최소한 필요한 일은 해야 합니다. '무엇을 하느냐?'보다는 지금 '어떻게 해야 하나?'를 생각하자는 겁니다.

'to do'보다도 'to be'.

한 인간으로서 '무엇을 어떻게 해야 하나?'를 질문해야 합니다.

슬플 때는
울자,
남 앞에서라도

남 앞에서라도 슬플 때는 우십시오. 그럴 때 인간 본연의 모습이 나타납니다.

병을 앓고 있으면서도 남 앞에서 억지로 밝은 모습을 보이려고 하지 마세요. 물론 밝은 모습을 보이면 주변 사람들은 당신을 고상한 사람, 강한 사람이라고 칭찬할 것입니다. 하지만 정작 당신의 마음 속은 슬픔으로 가득 차 있다면….

그럴 때는 남 앞에서라도 우는 게 좋습니다. 가족이나 친구들 앞에서 눈물을 흘렸을 때에 인간 본연의 모습이 나타납니다.

반면 환자의 지인이라면 울고 있는 사람을 향해 "괜찮아요. 그런 일로 걱정하지 않아도 돼요" 하며 격려하기보다는 오히려 침묵을 지키는 편이 더 좋습니다. 역경에 처한 사람이 울고 있을 때는 함께 울어 주고, 한숨짓고 있을 때는 함께 한숨짓고, 웃고 있을 때는 함께 웃어 주세요. 그것이 사람을 격려하는 가장 좋은 방법입니다. 아무 말 없이 그저 곁에 있어 주기만 해도 그 사람의 마음을 치유할 수 있습니다.

고통은
인간이
견딜 수 있는
만큼만
주어진다

아무리 혹독한 역경에 처해도 당신은 반드시 극복할 수 있습니다. 고통은 인간이 견딜 수 있는 범위 내에서만 주어지는 법이거든요. 지금은 도저히 그런 생각이 들지 않을지도 모르겠지만, 시간이 흐른 뒤 되돌아보았을 때 알게 됩니다.

누구의 인생에나 좋을 때와 나쁠 때, 즐거울 때와 괴로울 때, 모든 일이 잘 되어 갈 때와 그렇지 않을 때 등의 굴곡이 있기 마련입니다. 또한 다행스럽게도 나쁜 일과 괴로운 일은 오래 지속되지 않습니다.

청각 장애인으로서 미국의 작가 겸 교육자이자 사회운동가인 '헬렌 켈러' 여사는 이렇게 말했습니다.

"세상에는 고난이 넘쳐나지만, 고난을 극복한 사례도 넘쳐난다."

그 사람이 견딜 수 없을 정도의 고통은 쉽사리 주어지지 않습니다. 그리고 우리에게는 반드시 어떤 형태로든 고통으로부터 빠져나갈 길이 준비되어 있습니다.

질병에
걸렸다 해도
모두가 환자는
아니다

지금 당신은 우연히 '암'이나 다른 질병을 앓고 있을 뿐이지, 당신이 당신이라는 점은 질병에 걸리기 전이나 후를 비교해도 조금도 변함이 없습니다. 나는 나, 당신은 당신. 질병에 걸렸어도 당신의 인생은 지속되고 있습니다.

언어 중에서 명사(名詞)는 제한적이기에 명사만 사용하다 보면 인간의 마음을 상처 내는 경우가 종종 생깁니다. 여기에 형용사(形容詞)를 추가해 보겠습니다. 예를 들어 '질병'이라는 명사에 '좋다'와 '나쁘다'와 같은 형용사를 붙여 표현해 보는 겁니다. 좋은 질병, 나쁜 질병, 좋은 암, 나쁜 암. 이렇게 형용사로 수식하면 특별한 의미의 표현이 나옵니다.

질병에 걸린 것은 기뻐해야 할 일은 아니지만, 이를 계기로 인생이 좋은 방향으로 진행되는 경우도 있습니다. 그와 반대로 질병에 걸렸다는 것만으로 마음의 문을 닫고 우울한 증상을 보여 질병이 더 악화되는 경우도 있습니다.

당신의 인생을 지속하기 위해서는 '환자'라는 고정된 시각을 떨쳐버리고, 이전처럼 한 사람의 인간으로서 사물을 다시 바라봐야 합니다. 그렇게 하면 비로소 깨닫는 일이 틀림없이 있을 겁니다. 마음에 여유가 생기면 희망도 보이기 시작합니다.

건강했을 때가
가장 행복했던
때라고는
생각하지 말자

질병에 걸리기 전 건강했을 때가 당신 인생에서 가장 행복했다고요? 그것을 누가 결정한 겁니까?

물론 건강했을 때의 자신과 지금의 자신을 비교하며 후회하는 사람이 꽤 있을 겁니다. 하지만 그것은 어찌 할 수 없는 일입니다. 그 같은 생각만 하고 있다면 현재의 상황을 변화시킬 수 없습니다.

지금 하고 있는 일을 좋아한다면 계속해 보는 것은 어떨까요? 질병에 걸리기 전에 비해 잘 되지 않을지도 모르지만, 이제까지와는 다른, 지금의 당신만이 할 수 있는 방법을 틀림없이 찾아낼 겁니다.

조금 더디더라도 앞으로 천천히 나아가는 겁니다. 그렇게 전진하다 보면 또 다른 새로운 만남이 기다리고 있습니다.

건강했을 때만을 가장 좋았던 때라고는 생각하지 않아야 합니다. 어떤 상황에 처해 있든 당신이 가장 빛나고 있는 때는 바로 '지금'임을 잊지 마세요. 앞으로의 인생살이에서 당신이 가장 젊은 때는 언제일까요? 바로 '지금 이 순간'입니다.

내일보다
오늘이
더
중요하다

지금 현재가 가장 중요합니다. 하루하루 최선을 다해 사노라면 그걸로 만족을 느낄 수 있습니다.

"내일 일은 내일 걱정하라. 수고는 그 날로 족하다"라는 말처럼, 불안은 미래를 걱정하는 데서 생겨나는 겁니다. 불안에 짓눌려 버릴 것 같은 느낌은 '지금'이라는 순간이 없어져 버렸기 때문인지도 모릅니다.

내일보다도 오늘이 더 중요하고, 오늘보다 지금이 더 중요합니다. 내일 일로 괴로워하지 말고 하루하루를 소중하게 살아갑시다.

"미래가 중요하다면 지금은 더더욱 중요하다. 지금 갈피를 못 잡으면 미래에도 계속 갈피를 못 잡게 될 것이다." _ 나카에 도주

한 가지 선한 일을 하면
한 가지 악이 떠나가고,
날마다 선한 일을 하면
날마다 악이 떠나간다

'선(善)한 일'이라 해도 사람에 따라서 여러 가지 선이 있는데, 선을 행할 수 있는 사람도 있고 작은 선한 일밖에 못 하는 사람도 있습니다.

그래도 괜찮습니다. 자신에게라도 선을 행하면 그것도 좋은 일이니까요.

중요한 것은 최선을 다하는 것.

자신에게 충실하며 살아가면 그것만으로도 충분합니다.

"덕(德)을 쌓기 바란다면 매일 선(善)한 일을 해야 한다. 한 가지 선한 일을 하면 한 가지 악이 떠나가고, 날마다 선한 일을 하면 날마다 악이 떠나간다." _ 나카에 도주

비는
누구에게나
똑같이 내린다
다른 것은
각자의 반응이다

비는 누구에게나 똑같이 내립니다. 그와 마찬가지로, 암이 찾아올 가능성도 누구에게나 똑같이 있습니다. 예외는 없습니다. 누구도 피할 수 없는 길입니다.

갑자기 비가 쏟아지면 사람들은 어떤 반응을 보일까요? 어떤 사람은 우산을 쓰고, 어떤 사람은 비옷을 입을 겁니다. 또 어떤 사람은 개의치 않고 그대로 비를 맞을지도 모릅니다. 비가 멎을 때까지 밖으로 나서지 않는 사람도 있을 거고요. 이처럼 비가 내릴 때 대처하는 모습은 제각각입니다. 그리고 그것은 순전히 그 사람의 자유 의지입니다.

암이라는 진단을 받았을 때도 마찬가지입니다. 사람에 따라 천차만별의 반응을 보이는데, 그때 그 사람 본연의 모습이 나타난다고 할 수 있습니다.

인간은 모두 똑같습니다. 다른 점은 반응의 차이뿐입니다. 어떤 사태가 발생했을 때 의연하게 대처하는 모습은 나이와 상관없습니다.

인생의 길,
두 갈래의 갈림길
누구라도
갈림길에
설 수 있다

인생에는 두 갈래의 갈림길밖에 없습니다.

예스(Yes)냐, 노(No)냐? 이쪽으로 갈까, 저쪽으로 갈까?

갈림길에 섰을 때, 어느 쪽을 선택하느냐는 그 사람의 자유 의지입니다.

그것은 질병에 걸렸을 때도 마찬가지입니다.

하지만 선택의 여지없이 막다른 길밖에 없는 그런 인생은 없습니다. 우리는 항상 갈림길에 서 있는 존재이기 때문입니다.

제2장

질병이
반드시
나쁜 것만은
아니다

인생이란
'어쩌면 이때를 위해'
존재하는지도
모른다

사람의 일생이란 생애 전체를 통해서만 보아야 하는 것은 아닌 것 같습니다. 우리의 인생에는 '어쩌면 이때를 위해 태어난 것인지도 모른다'고 생각되는 순간이 있기 때문입니다.

그동안 제가 만났던 환자들 중에는 "질병에 걸렸기 때문에 가족과 친구의 고마움을 알게 되었다. 질병에 걸리고서 많은 사람을 만날 수 있었다. 질병에 걸리고서야 나보다도 더 어려운 처지에 있는 사람을 위해 뭔가를 해 주고 싶다는 생각을 했다. 질병을 앓고 있으니 아무런 생각도 없이 살아온 일상생활에서 행복을 느낄 수 있게 되었다. 질병에 걸렸기 때문에 내가 정말로 하고 싶은 일을 발견했다"라고 말하며 '어쩌면 이때를 위해 내가 질병에 걸린 것인지도 모른다'고 깨달은 사람도 많습니다.

누구의 인생에나 '어쩌면 이때를 위해서'라고 깨닫는 순간이 있습니다. 어쩌면 지금이 바로 그때일지도 모릅니다.

침대에
누워서 살아도
지평선을
바라볼 수 있다

우리 인간은 비록 누워서 살 수밖에 없는 상황에서도 그 침대 위에서 지평선을 볼 수는 있습니다. 우주에서부터 지구의 미생물에 이르기까지, 대자연의 숲을 보고, 나무를 보고, 나무껍질까지 보는 안목과 비전을 갖고 세계와 접촉할 수 있습니다.

아무리 혹독한 역경에 처해 있다고 해도 나의 자유 의지로 결정할 수 있는 일은 많습니다. 누워서만 지내기 때문에 아무 일도 할 수 없다고요? 당치도 않습니다. 침대에 누워 있더라도 책을 읽을 수 있으며, 생각할 수 있습니다. 대지에 뿌리를 내린 한 송이 꽃을 보고도 우주 전체를 논할 수 있습니다.

그 일이 가능한 것은, 우리가 인간이라는 존재이기 때문입니다. 지금처럼 인터넷이 발달하지 않았던 시절에도 세계를 논한 위인은 많이 있었습니다.

"병상(病床)에도 지혜가 있다." _ 니토베 이나조

암도
긍정적으로
받아들이는
사람이
비교적 오래
생존한다

이는 제가 생각하는 '천수암(天壽癌)'의 정의입니다.

물론 처음부터 '암과 공존(共存)해야지!' 하고 생각하는 것은 당치도 않은 일입니다. 치유할 수 있는 암에 걸렸다면 당연히 치료를 받아야 합니다. 다만 치유가 어려운 암일 경우에는 암과의 '공존'을 선택하는 것도 한 가지 방법일 것입니다. '천수암(天壽癌)'을 목표로 삼아 암과의 공존을 꾀하며, 암의 성장을 늦추는 생활과 치료를 계속해 가는 것이죠.

'공존'이란 함께 존재하면 곤란한 것일지라도 그 존재만은 인정한다는 관계입니다. 너무 가까이 지내기도 싫고 멀리하지도 않는, 단지 거기에 존재하는 것으로 대한다는 겁니다.

자신이 암에 걸렸다는 사실 자체를 거부하고 부정하기보다는 '공존하며 벗 삼아 살아가겠다'라고 받아들이며 살아가는 사람이 비교적 오래 생존합니다.

"암과 공존하며 살다가 '천수(天壽)'를 다했다고 생각될 즈음에 암으로 사망한다."

질병은
인생의
여름휴가

'지금까지 줄곧 바쁘게만 살아오다가 질병에 걸리니까 갑자기 한가해져 버렸다. 다른 사람들은 열심히 일하고 있는데도 나는 매일매일 시간이 남아돌아 주체를 못 한다.'

이와 같은 환경에 자신이 처해 있다고 상심하여 슬퍼하고만 있다면….

그렇지만 조금도 초조해할 일은 아닙니다. 질병은 인생의 여름휴가라 생각하고, 이제까지 하지 못했던 일에 시간을 활용해 보면 어떨까요?

저도 어떤 시기를 계기로 '한가한 시간을 어떻게 유용하게 사용하면 좋을까?'를 생각하게 되었습니다. 그래서 시작한 것이 '암철학외래'입니다. 그때까지 저는 휴일이면 잡다한 일을 하거나, 혼자서 느긋하게 지냈습니다. 물론 그것도 나름대로 의미가 있었지만, 지금의 생활에 더욱 만족감을 느낍니다. 저에게 '암철학외래'는 시간을 더욱더 유용하게 사용할 수 있는 장소이기 때문입니다.

서둘러서 결론을 내릴 필요는 없습니다. 일과 관련된 것은 조금 뒤로 미루고, 뭔가 새로운 것을 시작해 보면 좋을 겁니다.

자신의
약점이나
결점을
알면
겸허해진다

누구에게나 약점이나 결점이 하나쯤은 있기 마련입니다. 그렇다고 해서 자신을 비하하거나 비굴해지지 말고, 거기에서 뭔가 새로운 것을 배우려고 하는 자세가 중요합니다.

자신의 좋지 않은 점을 발견할 수 있다면 자신을 변화시킬 수도 있습니다.

흔히들 "어느 정도 연령대가 되면 사람은 바뀌지 않는다, 바꿀 수 없다."고 하지만, 질병에 걸린 것을 계기로 극적인 변화를 한 사람을 많이 보아 왔습니다.

아무리 결점이 많은 사람이라도 스스로 그 점을 인정하고 매일 공부하며, 이를 개선해 가다 보면 조금씩 발전하게 될 것입니다. 완벽한 사람으로 존재하는 것을 원하기보다는 자신의 약점을 자각하고 끊임없이 반성하며 배우자는 겁니다.

자신의 약점이나 결점을 알고 있는 사람일수록 겸허하며 마음이 풍요로운 삶을 살아갈 가능성을 간직하고 있습니다.

"결점이 아무리 크더라도 거기에서도 덕(德)이 발생할 수 있다."

_ 니토베 이나조

질병에 걸린
자신을
자책하지 말자

요즘은 노년층 2명 중 1명은 암에 걸리는 시대입니다. 암에 걸리느냐 아니냐는 확률적인 문제로, 당신은 물론 누구라도 암에 걸릴 가능성에 노출되어 있습니다.

"왜 하필이면 나인가?" 하고 한탄하거나 "왜 진작부터 건강에 좀 더 신경을 쓰지 않았을까?", "그때 의사 선생님 말씀대로 치료를 받았더라면 이렇게까지 되진 않았을 텐데…." 하며 후회해도 소용없습니다.

인생이란 부조리한 것.

과거를 되돌아보지 말자.

이미 발생한 일은 후회해도 소용이 없다.

질병에 걸린 것에 죄책감을 갖지 말자.

지금 필요한 것은 당면한 역경 속에서 어떻게 살아갈 것인가, 어디에서 삶의 보람과 의미를 찾아낼 것인가를 생각하는 겁니다.

인생 살이가
가시밭 같을지라도
잔치를 열자

질병에 걸렸으니까 더 이상 인생을 즐길 수 없다고요?

아닙니다. 암에 걸렸어도 당신의 인생은 계속되고 있습니다.

인생은 어차피 가시밭길이므로 '즐겁게 살아가겠다'는 마음가짐이 중요합니다.

고민이 전혀 없이 행복하기만 한 삶을 살아가는 사람은 어디에도 없습니다. 누구든지 한두 가지 고민거리를 안고 있습니다. 그리고 한 가지 고민이 해결되면 또 다른 새로운 고민거리가 찾아옵니다.

인생은 가시밭길이지만 '매일 잔치를 하는 것처럼 즐겁게 지내야겠다'는 마음가짐이 중요합니다. 마음 속의 잔치로 미소를 되찾는 겁니다.

어떤 역경이 닥쳐도 당신이 원하기만 하면 오늘도 내일도 마음 속의 잔치를 열어 웃으며 즐길 수 있습니다.

일등도
꼴찌도
저마다의
가치가 있다

선두를 달리지 못한다 하여 초조해 하지 않아도 됩니다. 인생이란 상대적인 것. 비록 뒤처졌다 하여도 어떤 사람의 눈에는 당신이 선두를 달리고 있는 것처럼 보입니다.

선두를 달리고 있는 사람만 가치가 있는 것은 아닙니다. 한 바퀴 뒤처져 달리는 꼴찌에게도 일등과는 또 다른 가치가 있습니다.

뒤처졌어도 사람으로서의 인격을 갖추고 있으면 되는 것이 아닌가요? 필사적으로 선두로 앞장서 달리는 것도 좋지만, 여유를 갖고 싱글벙글 웃으며 계속 달리는 것도 멋진 행동입니다. 우리는 '역경에도 불구하고' 열심히 사는 사람에게서 감동을 받습니다.

인생을 살아가는 동안 한 바퀴 뒤처지는 것이 결과적으로 정말 좋을 때도 있습니다. 일등에게도 꼴찌에게도 제각각 다른 가치와 의미가 있는 겁니다.

사소한
일에
일희일비하지
말자

사람의 생각은 쉽사리 변하기 마련입니다. 그럼에도 주변 사람들의 반응 하나하나에 울고불고 희희낙락하다 보면 스스로의 인생에 지쳐 버리게 됩니다. 남에게서 칭찬을 듣든 못 듣든 어찌 되든 상관하지 맙시다.

인생에는 자신이 컨트롤할 수 없는 것들이 많이 있습니다. 하지만 그런 일에 조바심을 내며 골치 아파하는 사람도 많이 있습니다.

예를 들어 사람은 언제 죽을지 아무도 모릅니다. 그처럼 자신이 컨트롤할 수 없는 일에 휘둘리는 행위만큼 부질없는 일은 없습니다.

매일매일 발생하는 사소한 일에 휘둘리지 말고, 그날그날 최선을 다해 살아갑시다. 그것이 중요합니다.

"사람을 상대하지 말고 하늘을 상대하라. 하늘을 상대하여 최선을 다하는 사람을 비난하지 말고, 자신이 최선을 다하였는지 자문해 보라."

_ 사이고 다카모리

침울해진
나를
밖으로
드러내라

자신의 일만 생각하고 있으면 긴장하여 자유롭게 행동할 수 없습니다. 밖으로 눈을 돌려 자신 외의 일에도 관심을 가져 봅시다.

자신의 일을 생각하는 것은 하루에 1시간이면 충분합니다. 억지로라도 자기 자신을 포기해 보십시오. 지금보다도 평온하게 살아갈 수 있습니다.

새하얀 수첩을 스케줄로 가득 채워 봅시다. 그리고 거리로 나서는 겁니다. 정말로 좋은 것은 거리에 있습니다. 집 안에 있으면 보이지 않습니다.

정말로 좋은 것은 쓰레기통에 있습니다. 학교나 병원처럼 보기에 깨끗하고 훌륭한 장소에만 있는 것은 아닙니다.

하루하루를 즐거운 스케줄로 가득 채우고, 그것을 하나하나 체크해 가는 겁니다.

새하얀 수첩에 '오늘은 암철학외래에 가다, 메디컬 카페에 참석하다'라고 적어 넣는 것도 좋습니다. 틀림없이 보람찬 첫걸음이 될 겁니다.

침울해진 나 자신을 밖으로, 밖으로 드러내어 보십시오.

느긋한 태도로
생명 현상에서
교훈을 얻자

무슨 일에나 느긋한 태도로 임하며 서두르지 말고, 당황하지도 않는 것이 좋습니다. 감사하는 마음으로 매일 반복되는 사소한 일상이라도 소중하게 생각하세요.

　뭔가 곤란한 상황에 직면했을 때는 우리의 신체가 어떤 구조로 되어 있는가를 생각해 보는 것도 좋습니다. 문제 해결의 실마리가 발견되는 경우가 있습니다.

　예를 들어 싫어하는 사람과 잘 지내려면? 그 힌트는 자율신경(自律神經)의 역할을 살펴보면 발견할 수 있습니다. 우리의 신체를 컨트롤하는 자율신경에는 교감신경(交感神經)과 부교감신경(副交感神經)이 있는데, 활동적으로 일하는 낮 동안에는 교감신경이, 밤에 잠잘 때와 느긋하게 휴식을 취할 동안에는 부교감신경이 우위에 서서 작용합니다. 우리가 살아갈 수 있는 것은 이와 같이 상반된 역할을 담당하는 두 가지 신경이 시소처럼 작용하며 하나의 신체에 '공존'하기 때문입니다. 자신의 뜻과는 다르다 하여 상대를 배제하거나 무시하지 않고 그 존재를 인정하며, 소통하고 공존하는 것입니다.

　이처럼 신비로운 생명 현상을 통해 교훈을 얻는다면 지금보다도 고민거리가 줄어들고 살아가는 힘이 될 겁니다.

"자연과 보조를 맞추는 사람은 급할 것이 없고 서두르지 않는다."

_ 우치무라 간조

'역경에도
불구하고'
행동해야만
인간은
단련된다

‘어떤 일을 꼭 해야만 하는 환경’에 처했을 때 가장 먼저 할 것은 반드시 자신이 해야 할 일인지, 그렇지 않으면 남이 해도 되는 일인지를 생각해 보는 것입니다.

당신이 꼭 하지 않고 다른 누군가가 해도 될 일은 의외로 많이 있습니다. 반면 ‘반드시 내가 해야 한다’고 판단되는 일이라면 무슨 일이 있어도 자신이 해야 합니다. 해야 할 일을 미루면서 하지 않는다면 당연히 자신을 괴롭히는 짐이 됩니다.

공부를 하지 않으면 시험에서 좋은 점수를 얻지 못하는 게 당연합니다. ‘시험에서 0점을 받아도 좋다. 나는 공부따윈 싫기 때문에 공부하지 않겠다’라고 하는 사람은 성장하지 못합니다.

‘역경에도 불구하고’ 행동하는 사람만이 성장하는 법입니다. 싫은 일이었지만 할 수 없이 한 일의 결과가 마음을 충족시키는 경우도 흔히 있습니다. 그런 경험을 통해 인생의 계단을 내딛는 발걸음이 한 걸음 한층 성숙했음을 느끼게 될 것입니다.

‘인생이란 그러한 불연속점(不連續點)의 반복으로 이루어지는 선인 겁니다.’

문제를
해결하지는
못해도
해소는
가능하다

왜 나는 암에 걸린 걸까? 유전인가? 생활 습관이 나빴던 건가? 그렇지 않으면 폭음 폭식 탓인가?

아무리 '왜(Why)' 하고 계속 질문해 보아도 확실한 답은 보이지 않습니다. 암과 생활 습관이나 식생활과의 인과 관계는 어느 정도 인정할 수 있지만, 똑같은 행위를 하여도 암에 걸리는 사람과 걸리지 않는 사람이 있습니다.

암에 걸리고 안 걸리고는 확률 문제에 지나지 않습니다.

'왜(Why)'를 골똘히 생각하면 웃음이 나오기도 하고 슬프기도 합니다. 우리 인생에는 이해할 수도 없고 어찌 할 수도 없는 일이 많기 때문입니다.

'왜(Why)'는 잘 몰라도 '어떻게(How)'는 알 수 있습니다. '왜 암에 걸렸을까?'를 생각하는 것이 아니라, '앞으로 어떻게 극복해 나가면 좋을까?'를 모색해 가는 겁니다.

문제를 해결할 수는 없어도 해소하는 것은 가능합니다. 문제를 지워 없앨 수는 없어도 보다 더 좋은 상태로 개선해 가는 것은 가능합니다.

제3장

당신의
생명은
당신의 것만이
아니다

사람은
누군가를 위해
존재할 때
마음이
풍요로워진다

인간은 누군가를 위해 존재합니다. 누군가 섬길 사람이 있을 때 사람의 마음은 풍요로워집니다.

누군가 살펴주고 섬길 사람이 없는 인생은 쓸쓸하고, 공허하고, 슬플 것입니다. 로빈슨 크루소처럼 무인도에서 혼자 생활하고 있다면 자신의 일밖에 모르는 겁니다. 그러므로 밖으로 나가서 남의 일에도 관심을 가져 봅시다. 그러지 않으면 공허한 마음이 채워지지 않습니다.

나 자신보다도 더 역경에 처한 사람을 찾아 나섭시다. 역경에 처한 사람을 보면 나 자신에게도 '뭔가 해 줄 수 있는 일이 있다'라고 생각하게 될 겁니다.

언젠가 마음이 마이너스에서 플러스로 전환되어, 뭔가 깨달았을 때에 자신도 모르게 자신의 일이 어떻게든 좋아져 있는 것을 볼 수 있습니다.

사람은 비록 자신을 희생하더라도 누군가를 위해 존재할 때 마음이 풍요로워집니다.

수학 공식처럼 '마이너스 마이너스에는 플러스'의 작용이 있는 겁니다.

목숨보다도
소중한 것이
있다

흔히들 "목숨보다 소중한 것은 없다. 목숨이 제일 소중하다. 목숨은 둘도 없는 것이다"라고 합니다.

정말로 그럴까요? 저는 목숨이 가장 소중하지 않을 수도 있다고 생각합니다. 목숨이 소중한 것은 틀림없지만, 가장 소중하다는 것에는 의문이 생깁니다.

'목숨이 가장 소중하다'고 생각하는 사람에게 '죽음'은 부정적인 존재일 수밖에 없습니다. 죽음은 곧 자신의 적(敵)일 것입니다.

하지만 생각해 보십시오. 우리는 모두 언젠가는 죽습니다. 목숨도 죽음도 우리의 일부입니다. 삶도 죽음도 우리 모두에게 똑같이 주어진 겁니다.

'목숨이 가장 소중하다'고 생각한다면 그때부터 죽음을 두려워하며 살아가게 됩니다. 그때를 기점으로 행복한 시간을 보낼 수 없게 될지도 모릅니다.

'목숨이 가장 소중하다'고 생각하는 사람보다 '목숨보다도 더 소중한 것이 있다'고 생각하는 사람이 행복한 시간을 보다 많이 가질 수 있습니다.

사명감을
중요하게
여기자

니토베 이나조의『무사도』에 이런 구절이 있습니다.

"활력을 주는 것은 정신이며, 그것이 없으면 아무리 좋은 도구라
도 별 쓸모가 없다."

여기서 말하는 '정신'이란 자신에게 주어진 역할과 사명감이
며, '도구'란 소유물이나 돈, 명예를 가리킵니다.

즉, 돈이나 명예가 자신에게 주어진 역할이나 사명감을 능가
하는 것은 아닌 것입니다. 그렇기에 '돈이 많아서 남들이 보기
에는 화려한 생활을 하고 있지만 마음이 허하고 행복하지 않다'
라고 하는 사람도 많습니다.

우리가 사명감이나 역할을 언제 부여받는지는 알 수 없습니
다. 이미 부여받았는데도 미처 깨닫지 못하는 경우도 있습니
다. 사명감과 역할은 그 사람이 추구했을 때 비로소 획득할 수
있는 것입니다.

남의 일에는 무관심하여 집에만 틀어박혀 밖으로 나가지 않
는다면 자신의 사명감을 끝내 발견할 수 없을 것입니다. 거리로
나가서 나의 사명감과 역할을 찾아냅시다.

단 2시간의
생명에도
의미가 있다

태어나자마자 단 2시간 만에 숨진 갓난아기. 그 아이는 도대체 무엇을 하기 위해 이 세상에 태어났던 것일까요?

지금으로부터 수십 년 전, 단 2시간의 수명을 목격했던 젊은 병리학자가 느낀 것은 허무함뿐. 거기에서 인생의 의미나 목적은 발견할 수 없었습니다.

그러나 그 이후 수많은 암 환자를 만나며 다양한 경험을 한 지금의 그 병리학자는 자신감을 갖고 이렇게 말합니다.

"아무리 짧은 인생이라도, 어떤 역경에 처해 있을지라도 우리 인간은 타인에게 줄 선물을 갖고 태어났다."

태어난 지 2시간 만에 사망한 갓난아기에게도 역할이 있습니다. 아기가 태어났기 때문에 부부의 금실이 좋아질 수 있고, 사망한 아기의 몫까지 행복해지려고 더 열심히 살아갈 수도 있습니다. 아이의 일을 생각하며 부부가 함께 존재한다는 소중함을 음미할 수도 있습니다.

이처럼 누구에게나 존재의 의미가 있고 각자의 역할이 있습니다. 먼저 그 점을 깨닫는 것이 중요합니다. 단, 다른 누군가와 비교하게 되면 그런 일은 일어나지 않습니다. 진정한 자신의 역할을 발견한다면 남과 비교하여 슬퍼지는 일은 없어질 겁니다.

내일
이 세상을
떠날지라도
오늘
한 송이
꽃에
물을 주자

만약 오늘이 인생의 마지막 날이라고 한다면… 당신은 무엇을 하시겠습니까?

독일의 신학자이자 목사인 마르틴 루터는 말합니다.

"만약 내일 세상에 종말이 온다 할지라도 나는 오늘 사과나무를 심을 것이다."

저는 루터의 이 말에서 '남의 일에도 관심을 갖고 살아가는 것이 중요하다'는 교훈을 얻었습니다.

자신의 일을 생각하는 것은 하루에 1시간이면 충분합니다.

자신의 일에 대해서는 더욱 마음을 비우세요. 그리고 남을 위해 봉사하세요.

만약 오늘이 최후의 날이라 할지라도 한 그루의 사과나무를 심으세요. 나무를 심는 일은 인간으로서의 고상한 삶의 방식입니다.

내일 이 세상을 떠난다 할지라도 오늘은 꽃에 물을 주는 여유를 찾읍시다.

인생의
목적은
인품의
완성에 있다

'인생의 목적은 인품의 완성에 있다' 우치무라 간조가 한 말입니다. 이를 바꾸어 말하면 '인생의 목적은 자신의 성격을 완성시키는 데 있다'고 할 수 있습니다.

성격은 자신에게 주어진 것. 그것을 좋은 것으로 완성시킬 것인지, 나쁜 것으로 완성시킬 것인지는 전적으로 자신의 자유의지에 달려 있습니다.

"가난은 위인을 만들어 내고, 위업은 어려운 환경 속에서 만들어진다"라는 사이고 다카모리의 말처럼, 대개 좋은 환경에서 좋은 것이 생겨나기는 어려운 법입니다.

역경 속에서 인내가 생깁니다. 인내가 생겨나니까 인품이 생깁니다. 인품이 생겨났을 때 희망이 생깁니다. 어려움을 겪지 않고 희망을 가질 수 있다는 것은 드문 일입니다.

얼마만큼 성공했느냐가 아니라 '얼마만큼 성실하게 살았느냐? 얼마만큼 인품의 완성에 접근할 수 있었느냐?'가 중요합니다.

인품의 완성에는 평생이 걸립니다. 질병에 걸려도 인품은 변하지 않습니다. 인품의 완성을 향하여 계속 전진해야 합니다.

자신의 인생을
후세에 선물하자

이 세상에서 얻은 모든 것은 천지를 창조하신 분의 은혜로 얻은 선물이며, 자신의 소유물이 아닙니다. 이 세상을 떠날 때 모든 것은 되돌려주고, 저 세상으로 갈 때는 아무것도 가지고 갈 수 없습니다.

먼저 태어난 사람은 나중에 태어나는 사람을 이끌어 갈 사명이 있습니다. 돈이나 재산은 일부 사람에게만 남길 수 있지만, '고상하고 용기 있는 생애'는 모든 사람에게 훌륭한 유산으로 남길 수 있습니다. 따라서 목숨조차도 유산으로 후세에 남기는 선물입니다.

남을 가르치려고만 할 것이 아니라 무엇이 옳으며, 무엇이 옳지 않은 것인지 모범을 보여야 합니다. 그러면 누군가가 그것을 흉내 내고, 그럼으로써 당신의 인생 그 자체가 후세의 사람들에게 모범적인 선물이 되는 것입니다.

우리의 생애는 긴 역사 속에서 한 시대를 살아가는 '접목(接木)'에 불과한 것입니다.

"힘은 정의가 아니다. 하늘과 땅은 이기주의 위에 성립되어 있지 않다. 생명과 재산도 결국 우리에게 최종 목표가 되는 것은 아니다."

_ 나카에 도주

좋은 것은
누군가가
계승한다

'암철학외래'는 2008년 1월에 3개월 한시적인 특별 외래로 개설되었습니다. 그로부터 9년 가까운 세월이 흘렀지만, 이제 '암철학외래'는 저의 상상을 초월한 존재로까지 발전하였습니다.

'암철학외래'에서 파생된 '암철학외래·메디컬카페'는 일본 전역에 100여 군데를 넘어, 앞으로도 계속 확산될 예정입니다.

정말로 좋은 것, 정말로 사회가 필요로 하는 것은 저절로 누군가가 계승해 나갑니다. 그 좋은 사례가 메디컬카페입니다.

정말로 유익한 일이지만 언제 그 열매를 맺을 것인지는 알 수 없으므로 지속적으로 밀고 갈 겁니다. 씨앗을 뿌리고 정성 들여 가꾸지만 언제 거두어들일지는 알 수 없습니다. 그럼에도 씨앗을 계속 뿌릴 것입니다. 비록 수년, 수십 년이 걸린다 할지라도 우리는 지속적으로 씨앗을 뿌려야 합니다.

힘들고 어렵더라도 지속적으로 노력하고 있으면 언젠가는 그것이 일상의 업무처럼 됩니다. 그리고 동조해 주는 벗이 나타납니다. 정말로 좋은 일이라면 누군가가 계승하기 마련입니다.

참신한 일을
시작하라

질병은 인생의 여름휴가. 질병을 계기로 경험해 본 적이 없는 '참신한 일'을 시작하는 사람들이 있습니다. 예를 들어 환자끼리 서로 대화하는 '메디컬카페' 운영입니다. 이제까지는 상담만 받는 입장이던 사람이 상담을 해 주는 입장으로 바뀌는 겁니다.

누군가가 카페를 시작하면 그것이 입소문을 타고 '나도 할 수 있지 않을까?' 하고 새로 참여하는 사람들이 나타납니다. 이렇게 메디컬카페는 전국적으로 확산되고 있습니다.

'참신하기'는 하여도 허풍스런 것이 아니어서 좋고, 대단한 일을 하는 척할 필요도 없습니다. 중요한 것은 남의 일에도 관심을 갖는 것입니다.

일부러 멀리까지 찾아가지 않아도 그런 일은 바로 당신 눈앞에 있습니다. 벌써부터 존재해 있었는데도 미처 몰랐거나 혹은 관심이 없어서 느끼지 못했을 뿐입니다. 게다가 정말로 좋은 것은 돈도 많이 들지 않습니다.

'아무것도 할 수 없다'고 하는 사람에게도 '뭔가' 할 수 있는 일이 있습니다. 질병에 걸린 사람이라도 남에게 뭔가를 해 줄 수가 있다는 겁니다.

뜻대로 안 되어도
밀고 나간다

100명 중 한두 명 정도만이 제안하는 일만 합니다. 누구나 생각하고 누구나 할 수 있는 일은 굳이 하지 않아도 됩니다. 모두 남에게 맡겨 버리고, 양보할 수 있는 것은 무엇이든지 모두 양보하고 나면 짬이 생깁니다.

짬이 생기면 당신만이 할 수 있는 역할이 주어집니다. 뭔가를 시작할 때 중요한 것은 속전속결(速戰速決)입니다. 해야 할 일이 발견되면 즉시 밀고 나가면 됩니다. 시작이 반이라는 말처럼 말입니다.

'해야지' 하고 결심했다면 어렵고 힘들어도 일단 시작해야 합니다. 머릿속으로는 '해야지, 해야지' 하면서도 실제로 행동하지 않는 사람이 있는데, 아마 용기와 냉철함과 지혜가 부족하기 때문일 것입니다.

먼저 한 발자국 내딛는 첫걸음이 중요합니다. 한 번 움직이기 시작하고 진로만 정해지면 나머지는 비교적 수월한 일입니다.

"하늘의 도(道)를 행하는 자는 천하가 모두 비방해도 굴하지 않는다."

_ 사이고 다카모리

자신의 인생을
특별나게
만들려 하기보다는
무덤덤하게
살아가자

명예, 이익, 교만, 욕망…. 이러한 것들은 행복한 삶을 기대하기 때문에 탐하는 것들입니다. 생활이 잘되어 가고 있을 때와 건강할 때는 그래도 좋습니다.

하지만 그렇게 되지 않을 때는? 건강할 때 할 수 있던 일을 할 수 없게 되었다면? 틀림없이 모든 것이 실망으로 끝나버릴 겁니다. 반드시 성공하겠다는 삶을 기대하기 때문에 실망하게 되는 것입니다.

우리는 긍정적인 삶을 살아야 합니다. 어떤 역경에 처해 있는 사람일지라도 제각각의 역할과 주어진 사명이 있습니다. 자신에게 주어진 역할과 사명을 다하려고 하는 것이 인생에서 기대되는 삶입니다.

이제부터는 굳이 자기 자신을 돌보지 않는 삶을 살아 보는 것도 좋을 것입니다.

"감옥 밖에 감옥이 있다. 우리는 세계를 수용할 만큼 넓은 세상에서 살고 있다. 그 사방의 벽은 명예와 이익, 교만, 욕망에 대한 집착이다. 슬프게도 실로 수많은 사람이 그 안에 갇혀 언제까지고 탄식만 하고 있다."

_ 나카에 도주

휴대폰도,
컴퓨터도 꺼놓고
1시간만
나 홀로 생각하자

하루에 1시간, 나 홀로 생각하는 시간을 가져 보세요. 그때만큼은 휴대폰도 컴퓨터도 꺼 놓습니다.

명상과는 다릅니다. 마음을 비우는 것이 아니라 하나의 주제를 정하고 조용히 생각해 보는 겁니다.

인생이란, 살아가는 의미란, 나는 무엇을 위해 태어났는가….

생각할 주제가 떠오르지 않는다면 독서를 해도 좋습니다.

하루에 1시간, 혼자만의 평온한 시간을 가져 보세요.

질병에 걸렸으니까, 시간이 나니까, 고독하니까 등 이유는 상관없습니다. 나 홀로 자신에게 주어진 역할과 사명에 관해 생각해 봅니다.

인간이란 결국은 고독한 존재. 고독을 감수하며 생각합니다. 고독을 벗 삼는 겁니다.

혼자서 생각하는 시간을 습관화하면 더는 고민거리가 없어져 밖으로 나가 사람들을 만나고, 그 사람들과 뭔가를 하고 싶어질 겁니다.

인생의 근간이
제대로
서지 않으면
꽃은
피지 않는다

우에스키 요잔은 스승으로부터 이런 가르침을 받았습니다.

"현자(賢者)는 나무를 생각하며 열매를 수확한다. 소인(小人)은 열
매만을 생각하다 열매를 수확하지 못한다."

여기서 '나무'란 인생의 근간(根幹)을 말합니다. 인간의 근간이
제대로 잡혀 있지 않으면 인생에 꽃을 피울 수가 없으며, 꽃이 피
지 않으면 당연히 열매를 맺을 수 없습니다.

열매만을 보며 '야~ 좋다, 야~ 좋아, 먹고 싶구나!' 하고 욕심
을 내어 본들, 아무리 세월이 지나도 열매를 수확할 수는 없습니
다. 많은 사람이 결과만을 추구하고 있는데, 최후에 남는 것은
결과가 아닙니다. 누군가의 업적 따위는 금방 잊혀 버립니다.

10년 후, 20년 후, 30년 후…, 최후에 남는 것은 결과가 아니
라 결과를 이끌어 낸 동기입니다. 당신은 어떤 동기로 그 열매
를 수확하고 싶다고 원하겠죠.

최후에 질문을 받는 것은 동기입니다.

"비가 와도 굴하지 않고/바람이 불어도 굴하지 않고
눈이 와도 여름의 더위에도 굴하지 않는
(생략) /그런 사람이/나는 되고 싶다." _ 미야자와 겐지

벗들 중에
단 한 명의
현자만
있으면 된다

단 한 사람만으로도 지구를 변화시킬 수 있습니다.

하나의 세포를 지구에 비유하자면 염색체는 국가, 유전자는 도시, 염기(鹽基)는 사람이라고 할 수 있으며, 이들 중 단 한 개의 염기(鹽基)에라도 이상(異常)이 생기면 암 발생의 원인이 되는 겁니다.

그렇다면 한 명의 사람이 지구를 움직일 수 있지 않을까요? 그것은 형식 논리일 뿐입니다. 동료가 없으면 불가능합니다. 주변 사람들의 협력이 없으면 어렵습니다.

물론 혼자서 가능한 일도 많이 있습니다. 그러기 위해서는 변화될 수 있는 것을 변화시키려는 용기가 필요합니다.

좋은 일은 의논하지 않고 혼자서 하는 법입니다. 그리고 나아가면서 생각합니다. 그러면 시작하기 전에는 미처 깨닫지 못했던 다양한 아이디어를 얻을 수 있다는 것을 알게 됩니다.

정말로 좋은 일은 자신의 생각을 초월하여 확산되는 법입니다.

"벗들 중에 단 한 명의 현자(賢者)만 있으면 된다. 그러면 모두가 현명해진다. 그만큼 확산은 빠르다." _ 니토베 이나조

당신에게도
죽음이라는
중요한 일이
남아 있다

때로는 '기탄없이 하는 말'이 상대의 마음을 흔들어 움직이게 할 수도 있습니다.

죽음을 눈앞에 둔 사람에게 "희망을 갖고 열심히 살아갑시다. 좋은 선생님이 진료해 주니까 괜찮을 거예요." 같은 말은 공허하게 들릴 뿐입니다. 최선을 다한 사람에게는 격려나 위로는 필요하지 않습니다. 바라는 것은 각오를 상기시켜 주는 말입니다.

"당신에게는 죽음이라는 중요한 일이 남아 있습니다."

잔혹한 말처럼 들릴지도 모르겠지만, 임종을 기다리고 있는 사람에게는 '희망'의 말로 들릴 겁니다.

이 말을 듣고 깜짝 놀라는 사람도 있지만, 듣자마자 기지개를 켜며 희망에 가득 찬 표정을 짓는 사람도 있습니다.

목숨도 죽음도 주어진 것. 그 누구도 스스로 기한을 정할 수는 없습니다. 우리가 할 수 있는 것은 목숨이 다할 때까지 최선을 다하는 겁니다.

'목숨(命)을 사용한다(使)'라고 써 놓고 '사명(使命)'이라고 읽습니다. 목숨을 최후까지 다 사용하는 것이 우리에게 주어진 사명. 그렇습니다, '죽음'은 인간에게 주어진 중요한 최후의 일입니다.

제4장

수명은
그냥
놔두세요

죽음은
무덤덤하게
받아들이고,
대부분의 일은
그냥 놔두자

자신이 언제, 어떻게 죽을 것인지는 아무도 모릅니다. 천수를 다할 수 있을지, 질병으로 죽을지, 사고로 죽을지를 아는 사람은 아무도 없습니다. 그 때가 언제 올지도 알 수 없습니다.

죽음이란 바로 그런 현상이므로, 어차피 자신이 컨트롤할 수 없는 일이라면 최대한 무덤덤하게 받아들이려고 노력해야 합니다. '언젠가 나 자신은 죽는다.' 이렇게 자각할 정도가 딱 좋은 겁니다.

대부분의 일은 그냥 놔두면 시간이 해결해 주는 경우가 많습니다. 예를 들어 누군가가 자신에 대해 험담을 했다고 해도 그냥 모른 척하세요. 누군가가 자신보다도 유명해졌다, 부자가 되었다, 출세했다고 해도 그저 담담한 마음으로 들으세요.

대부분의 일은 그냥 놔두면 됩니다. 그런 일들로 인해서 자신의 생명에 지장은 없을 테니까요.

최선을 다했다면 나머지는 마음속으로 은근히 염려하는 것만 남을 겁니다. 어차피 그렇게 될 수밖에 없습니다.

말
한마디에
수명이
연장된다

인간의 수명은 뜻밖의 말 한마디로, 또는 환자가 느끼는 기분에 따라 연장되거나 단축되기도 합니다.

수명이란 결국 확률론이지 확정된 사실이 아닙니다. 가족들이 환자에게 의사의 말보다 수년 또는 수개월 길게 살 수 있다고 알려주자 의사가 예측한 수명보다 오래 사는 경우가 있었으며, 치료할 방법이 없는 환자를 자택 요양으로 바꾸었더니 건강 상태가 호전되는 경우도 있었습니다. 이런 사례들은 인간 생명력의 강인함, 생명의 신비를 느끼게 합니다.

한마디 말이 생각을 바꾸고, 바뀐 생각이 행동으로 반영되기 때문입니다.

음식을 전혀 먹지 못했던 환자가 조금씩 먹을 수 있게 되기도 하고, 몸을 전혀 움직이지 못하던 환자가 조금씩 움직일 수 있게 됩니다.

긍정적인 말 한마디로 암이나 다른 질병이 치유된다는 것은 아니지만 변화가 시작되는 것은 분명히 경험할 수 있습니다. 수명도 그중의 하나입니다.

세상을
떠나기 전
5년간의 삶이
중요하다

인생은 최후의 5년간이 승부입니다. 지금까지 어떤 삶을 살아왔든 최후의 5년간을 마음 편하게 지낼 수 있는 인생이라면 그걸로 충분하지 않을까요?

젊은 시절에 제아무리 화려한 생활을 했더라도 최후의 5년간을 비참한 생각만 하다가 죽어갔다면, 그가 행복한 삶을 살았다고 말할 수 있을까요?

이 세상을 떠날 때까지 최후의 5년간을 어떻게 살아가느냐가 좋은 인생이었는가, 나쁜 인생이었는가를 가르는 기준이 됩니다. 많은 환자와의 만남을 통해, 저는 그렇게 생각하게 되었습니다.

과거를 돌이킬 수는 없지만, 미래는 자신의 의지로 변화시킬 수 있습니다.

결국 나 자신의 인생은 무엇이었던가? 이제까지 쌓아 올린 지위와 사회적인 명성과 명예 따위는 모두 미련 없이 떨쳐 버리고, 자신에게 주어진 역할과 사명을 깨닫는 것입니다.

나이도 성별도 관계없습니다. 지금까지 어떤 삶을 살아왔는지도 관계가 없습니다. 죽음을 앞에 두고서는 젊은 시절의 일 따윈 의미가 없습니다. 최후의 5년간에 해야 할 일을 심사숙고하여 최선을 다하는 겁니다.

인생살이에
지쳤다면
무덤에
가 보자

우리는 주변의 잘나가는 사람들과 자신을 비교하며 의기소침해지곤 합니다. 그러다 어느 사이인가 인생살이에 지쳐 버립니다.

인생살이에 지쳤을 때는 잘난 사람, 못난 사람 모두 결국에는 무덤으로 가게 된다고 편안하게 생각해 보세요. '어차피 모두 죽는 거니까' 하고 생각하면 마음이 조금 편해질 겁니다.

아무리 위대한 인물이라도 최후에는 죽습니다. 그리고 죽어 남기는 것은 1평 남짓한 무덤뿐입니다.

자신이 존경하는 사람의 무덤에 가서 인생의 허무함을 느껴 보세요. 허무함을 알게 됨으로써 인내심이 생깁니다. 인내심이 생겨나면 인품이 갖춰집니다. 인품이 갖춰지면 살아갈 희망이 솟아납니다.

"우리는 평생 글을 쓰거나 잔소리를 하거나 여러 가지 활동을 하면서 살아온 곳을 떠나게 되면 제각각 1평 남짓의 무덤 외에 아무것도 남기지 않는다." _ 니토베 이나조

미래에 대한
지나친 걱정은
생명의 독이다

'미래에 대한 지나친 걱정은 생명의 독이다.'

도시샤대학(同志社大學)을 창립한 '니이지마 조(新島襄)'의 말입니다. 니이지마 조는 메이지 시대(明治時代 : 1868~1912년)를 대표하는 교육자 중 한 사람으로, 일본 근대화의 리더를 육성하기 위해 학교를 설립하였습니다.

'불안은 미래로부터 찾아온다'라는 말도 있듯이, 발생하지도 않은 미래의 일에 대해 고민하기보다는 최선을 다해 현재를 살아가는 것이 현명합니다.

오지도 않을 일에 대해 걱정을 하고 있으면 마음만 우울해지기 마련입니다. 자신의 능력 이상의 일에는 마음을 비우고 조용히 다른 일을 생각하는 겁니다.

"걱정은 생명의 독이다."

황혼기에
빛이 나는
사람이 되자

사람은 저녁 퇴근 시간이 지나면 쓸쓸해지는 생물입니다. 낮에는 직장에서 일을 하거나 다른 일로 바쁘게 생활을 하다가, 퇴근 후 여럿이 호프집이나 차를 마시러 가서는 와자지껄. 언뜻보기에는 즐거운 모습으로 비치지만, 모두와 헤어지고 혼자가되는 순간 쓸쓸해지기 마련입니다.

특히 동양인 중에 이러한 타입의 사람이 많은 것 같습니다.

해가 저물면 많은 사람은 아무런 이유도 없이 허무함을 느낍니다. 그런 순간에도 마음이 풍요로운 사람은 행복합니다. 만족스런 삶을 살고 있다는 증거겠죠.

아무리 겉모습이 화려할지라도 외톨이가 되면 자신도 모르게 쓸쓸해지는 것은 진정한 삶, 진정한 역할이 무엇인지 보이지않기 때문일 겁니다.

어떤 상황에 처해 있든 최선을 다해 살아가는 사람을 보면저절로 미소가 떠오르며 호감이 생깁니다. 무엇보다 황혼기에빛이 나는 사람에게 사람들은 모두 감동합니다. 멋진 인생을살아가고 있다는 느낌을 주기 때문이지요.

한 알의
밀알이
땅에 떨어져
죽으면
많은 열매를
맺는다

"한 알의 밀알이 땅에 떨어져 죽지 아니하면 한 알 그대로 있고, 죽으면 많은 열매를 맺느니라." _ 신약성경

이 성경 구절은 '미래를 위해 이 세상을 떠난다. 자신이 죽음으로써 여러 개의 새로운 싹이 돋아난다. 그렇지 않으면 다음 세대로 확장되지 않는다'는 의미입니다.

우리가 살아가는 과정은 땅에 떨어져 썩어 가는 밀알과도 같습니다. 자신의 힘을 남을 위해 사용하고, 남을 위해 희생하며, 그렇게 함으로써 자신의 인생을 다음 세대에 선물로 줄 수 있습니다.

육체는 썩어 없어진다 하여도 당신의 아름다운 생각은 다음 세대에 물려줄 수 있는 것입니다.

만약 한 알의 밀알이 땅에 떨어져 죽지 않으면 그것은 줄곧 한 알 그대로 존재합니다. 그러나 땅에 떨어져 죽으면 가까운 장래에 풍성한 수확을 하게 될 겁니다.

죽음까지도
감사히
받아들인다

"이제 목숨이 얼마 남지 않았습니다."는 말을 들은 환자가 담당 의사에게 지금까지 치료해 준 것에 감사하다는 인사를 전한 후에 다음과 같이 말했다고 합니다.

"죽음도 감사히 받아들이려고 합니다."

이 세상에 태어난 것에 대해 '생명을 받았다'라며 감사하는 사람은 많습니다. 하지만 죽음에 관해서는 어떻습니까? '죽음도 감사히 받아들이겠다'는 자세로 자신의 죽음을 적극적으로 포용하는 사람은 흔치 않습니다.

하지만 생각해 보면 죽음도 삶과 마찬가지로 우리에게 그저 주어지는 것입니다. 태어나는 날짜를 자신이 정하지 못하는 것처럼, 죽는 날짜도 스스로 결정할 수 없습니다. 그렇게 생각한다면 '죽음까지도 감사히 받아들일' 수 있을 겁니다.

'어떤 역경에 처해도 담담하게 살아가다 죽음과 마주하겠다.'

이와 같은 삶의 방식을 가진 사람을 보면 진심으로 감동받게 됩니다.

해야 할 일이
있는 사람은
죽지 않는다

완수해야 할 사명이 있는 한, 사람은 그렇게 쉽사리 죽지 않습니다.

이는 나의 경험을 토대로 말하는 것이며, 이제까지 여러 건의 사례를 보아 왔습니다.

"남은 목숨이 6개월이라는 말을 들었지만, 내년 이맘때까지 살고 싶다."

"이 일을 끝마친 후에 죽고 싶다."

"무엇 무엇을 끝까지 다 보기 전에는 절대로 죽지 않겠다."

이와 같이 뚜렷한 사명감이나 목적을 가지고 있는 사람은 죽음도 견뎌낼 수 있습니다.

반대로 사명감이나 목적을 상실한 사람은 약해지기 마련입니다. 암에 걸려 '언제 죽어도 좋다'고 체념해 버린 사람은 죽는 것도 다른 사람에 비해 좀 빠른 것 같습니다.

사람은 언제 죽을지 알 수 없습니다. 자신이 수명을 결정할 수도 없습니다. 다만 수명의 길이에는 어느 정도 자유 의지가 작용하기에 더러는 본인의 의지로 연장하거나 단축시킬 수도 있습니다.

세상에는 본인의 의지로 변화시킬 수 있는 것이 몇 가지 있습니다. 수명도 그중의 하나입니다. 수명에 '언제부터 언제까지'와 같이 정해진 기한은 없습니다.

사명을 완수했다면
그 때가 죽어도
좋을 때다

앞서 "당신에게는 죽음이라는 중요한 일이 남아 있다."라고 말씀드린 적이 있지만 죽음 자체가 항상 명예로운 행위라고는 할 수 없습니다.

'생존해야 할 때는 살아 있고, 죽어야 할 때는 죽는다'는 것이 진정한 삶의 방식과 죽는 방식인데, "죽을 만한 가치가 없는 일을 위해 죽는 것은 '개죽음'과 같다고 멸시당한다"는 말이 있습니다.

두말할 필요도 없이, 사명과 역할이 있는 동안에는 '생존해야 할 때'입니다. 그리고 그것을 완수했을 때가 '죽어도 좋을 때'입니다.

자신의 사명과 역할을 완수한 다음에는 '아! 이제는 갈 때가 되었구나. 이젠 갑니다' 하고 이 세상을 떠나는 것. 저는 저 자신의 임종을 이렇게 상상하고 있습니다.

무덤덤할 정도로
대담하게, 그리고
바보처럼 사는 것이
딱 좋다

평소 언짢은 얼굴을 하고 있거나, 화를 내고 있거나, 슬픈 표정을 하고 있는 사람의 곁에는 다른 사람이 다가오지 않습니다. 피하고 멀어져 가기만 합니다.

외모에는 그 사람의 마음이 나타납니다. 건강할 때는 물론 질병에 걸렸을 때도 외모는 중요합니다.

그렇지만, 사이고 다카모리*는 소년 시절에 친구들로부터 '바보'라는 말을 많이 들었습니다. 동작이 둔하고 어수룩한 외모를 하고 있었기 때문입니다.

청년이 되고 나서의 별명은 '땅두릅'. 눈동자가 컸기 때문이라고 하는데, 꼭 그것만은 아닐 겁니다. 키도 작고 얼굴에 잔털도 많았던 듯 합니다.

'바보'에다 '땅두릅'. 난세의 영웅인 사이고 다카모리가 이런 말을 들었다는데, 나는 이렇게 생각합니다.

"남으로부터 '바보'나 '땅두릅'이라는 말을 들을 정도로 어수룩해 보이면 딱 좋다. 얼굴에서는 근심걱정이 느껴지지 않으므로 마주하는 사람들에게 편안함을 준다."

해야 할 일을 완수하려는 인물에게서는 무덤덤할 정도로 대담하게, 또는 어수룩하게, 상대에게 허점을 보여주는 듯한 일면을 엿볼 수 있습니다.

---

* 사이고 다카모리(西鄕隆盛, 1828~1877년) : 일본 개화기의 정치가. 에도 시대 말기에서 메이지 시대 초기까지 활약한 인물로, 메이지유신의 3걸 중 한 명이다.

제5장

환자·가족과의
교제 방법

최후에
남는 것은
사람과의
유대 관계뿐이다

이 세상에 당신의 일을 생각해 주는 사람이 한두 명은 있을 겁니다.

가까운 친척이 아니어도 상관없습니다. 생판 남이래도 나 자신의 일을 생각해 주는 사람이 있다면 그만큼 강하게 살아갈 수 있습니다.

요즘은 차갑고 쌀쌀한 친족으로 인해 상처받는 사람이 많아, 마음씨 따뜻한 이웃사촌이 친척보다 낫다고 생각하는 시대가 되었습니다.

또 개나 고양이는 말은 못 하지만 사람에게 다가와 재롱을 부리며 기분을 좋게 해 줍니다. 반려동물은 그 나름대로 가치가 있지만, 역시 결국에는 사람의 힘이 필요하게 됩니다.

움츠러든 마음을 밖으로 향하게 하여 침울해진 기분을 전환시킵시다. 그러기 위해서는 남에게도 관심을 가져 보세요. 평온한 상태에서 긍정적인 마음가짐으로.

사람은 사람에 의해 치유되는 겁니다. 최후에 남는 것은, 역시 사람과의 유대 관계뿐입니다.

사랑은
가까운 데서부터,
먼 곳만 보고 있으면
소중한 것은
보이지 않는다

사랑은 가까운 데서부터 시작하는 겁니다.

당신의 바로 눈앞에도 틀림없이 역경에 처한 사람이 있을 것입니다.

"나도 뭔가 도움을 베풀 수 있는 사람이 되게 해 주십시오." 하고 많은 사람이 테레사 수녀 곁으로 몰려들었을 때, 그녀는 이렇게 말했답니다.

"여러분이 살고 있는 그곳에도 여러분이 해야 할 일이 있을 겁니다."

아무리 손을 뻗어 붙잡으려 하여도 닿을 수 없는 먼 하늘의 '북극성'만 좇아가지 말고, 먼저 손전등으로 자신의 주변을 비추어 보십시오.

정말로 소중한 것은 무엇일까요?

눈에 보이지 않는 것들에 마음을 쓰기보다 바로 눈앞에 있는 사람을 소중히 여기십시오.

인생의 우선순위를 깨달으면 인간관계가 바뀝니다.

사람은
옳은 말보다
배려를
필요로 한다

환자 중에는 자신의 고집만 주장할 뿐 양보하지 않으려는 사람이 있습니다. 하지만 잘못한다고 하여 그런 사람에게 바른 말로 충고만 한다면 어떻게 될까요? 사태를 악화시킬 뿐 문제가 해결되지도 않을 것입니다.

바른 말은 사람에게 상처를 줍니다. 사람은 누구나 바른 말보다 배려를 필요로 합니다. 그러므로 비록 상대방의 말이 잘못되었다 할지라도 부정하지 말고 잠자코 그냥 들어주는 겁니다.

"좀 잘해 봐라. 잘 좀 해 봐!"라고 소리 높여 외쳐 보았자 서로 분위기와 관계만 딱딱하게 악화될 뿐입니다.

이제까지 저는 상담하러 온 환자에게 설교조로 말하거나, 훈계조로 반론을 제기한 적이 한 번도 없습니다. 상대방이 스스로 깨달을 때까지, 납득할 때까지 기다릴 뿐입니다. 계속 말을 하다 보면 잘못을 깨닫는 타이밍이 오기 때문입니다.

그것이 상대방에 대한 배려입니다. 배려만 할 수 있다면 시간이 걸릴지도 모르지만, 점차로 상대방의 말이나 태도는 바뀌어 갈 겁니다.

자신을
사랑하는
것이

남을
사랑하는
것이다

"자신을 사랑하는 마음으로 남을 사랑하라"고 예수님은 말씀하셨습니다.

나는 여기에 '먼저 자신을 사랑해야 한다'라는 말을 덧붙이고 싶습니다. 먼저 자신을 사랑하는 것이 남을 사랑하는 것의 대전제입니다. 자신을 사랑할 수 없다면 남도 사랑할 수 없습니다.

먼저 자신의 일을 좋아할 수 있도록 하세요. 어떤 상황을 맞닥뜨려도 받아들이세요.

자신을 좋아할 줄 모른다는 것은 자신의 역할을 미처 깨닫지 못하기 때문일지도 모릅니다. 자신의 역할이 보이지 않기 때문에 마음이 풍요로워지지 않는 겁니다. 그렇기에 마음이 가난한 사람은 뭔가를 해 주면서도 받는 사람의 기분을 언짢게 만들기도 합니다.

자기 자신을 비하하며 "나는 안 돼, 안 돼." 하고 투덜거리는 사람이 다른 사람을 위해 뭔가를 해 줄 수 있다고 생각하십니까?

먼저 자신을 사랑하고 스스로를 격려하며 삽시다.

질병은
주변 사람들을
성장시킨다

"내가 암에 걸리는 바람에 가족에게 폐를 끼치게 돼 너무 미안하고 괴롭다."라며 죄책감을 느끼는 사람들이 있습니다.

물론 암에 걸린 건 기뻐할 일이 아닙니다. 그렇다고 해서 부정적인 면만 있는 것도 아닙니다. 암에 걸리고 나서 비로소 깨닫는 것들이 있으며, 그것이 인생의 플러스로 작용하는 경우도 있으니까요.

예를 들어 "이제까지 각자의 일에만 몰두하던 가족이 하나가 되었다, 서로가 서로에게 신경을 쓰게 되어 이전보다도 훨씬 가족의 유대가 돈독해졌다." 등 암으로 인해 가족 관계를 새롭게 돌아보았다는 사람이 많습니다.

가족들도 병간호를 하면서 '나보다도 어려운 처지의 사람들에게 어떻게 도움을 주면 좋을까?'를 생각했을 것입니다. 각자의 약한 부분이나 부족한 부분을 서로서로 보충해 주며 소중함을 알게 되었을 겁니다.

질병에 걸렸다고 해서 부정적인 면만 있는 것은 아닙니다. 이를 계기로 서로가 성장할 수 있었다는 등의 긍정적인 면도 분명히 있습니다.

질병은 본인만이 아니라 주변 사람들까지 성장시키는 계기가 될 수도 있는 겁니다.

기쁘니까
웃는 것이 아니라
웃으니까
기뻐지는 겁니다

슬프니까 우는 것이 아니라 우니까 슬퍼지는 것입니다.

앞서 말씀드린 것처럼, 인간이란 그런 존재입니다.

어떤 역경과 맞닥뜨려도 웃음을 잃지 않는다면 기분이 좋아집니다. 역경에 처해 있는 사람이 미소를 지으면 주변 사람들의 얼굴에도 환한 미소가 번집니다. 반대로 당신이 슬픈 얼굴을 하고 있으면 주변 사람들도 슬퍼지는 겁니다.

인간이란 아무리 생각해도 부조리한 존재입니다. 이런 부조리와 역경에도 불구하고 당신이 취한 행동이나 말이 많은 사람에게 용기를 북돋워 줄 수도 있을 겁니다.

외톨이가
되는 것을
두려워하지
말자

깊은 밤 홀로 병상에 누워 있는 환자들에겐 말로 표현할 수 없는 고독감이 엄습해 옵니다.

"이대로 아무도 모르는 사이에 죽는 것은 아닐까 등 여러 가지 불길한 생각으로 두려워집니다. 선생님, 어찌 하면 좋을까요?"

고독은 당신을 잠시 쉬게 하면서 여러 가지 긍정적인 일을 생각하게 하는 소중한 시간입니다.

고독을 두려워하지 말고, 달갑게 받아들이세요.

어차피 인간은 결국엔 외톨이가 됩니다. 언젠가 찾아올 '고독'을 벗으로 삼기 위해서는 건강할 때부터 조용히 혼자서 생각하는 습관을 들이는 것이 좋습니다.

이미 고독해진 사람은, 인간의 근원으로 되돌아갈 기회를 가진 것입니다. '나 자신은 무엇을 위해 태어났는가? 나의 역할이나 사명은 무엇인가?' 하는 점을 곰곰이 깊이 생각해 보는 겁니다.

고독한 시간이 오히려 살아가기 위해 없어서는 안 될 소중한 기회가 됩니다. 고독을 맛보지 못한 사람은 자신에게 주어진 역할이나 사명을 발견해 내기가 어렵습니다. 그러므로 고독을 두려워할 필요는 없습니다. 담담하게 받아들이십시오.

무슨 일에든
'좋아, 좋아'를
붙여 보자

언어를 표현하는 '명사(名詞)'의 세계는 제한적입니다. 이렇게 제한적인 말은 때로는 상대방에게 상처를 주기도 합니다. 예를 들어 '우쭐대기 좋아하는 사람'이라는 표현이 있습니다. 만약 어떤 사람으로부터 "당신은 우쭐대기 좋아하는 사람이니까" 라는 말을 들으면 어떤 생각이 들까요? 썩 기분이 좋지 않을 겁니다. 그러면 "좋은 일로 우쭐대기 좋아하는 사람"은 어떻습니까? 얼핏 들으면 별 차이가 없는 듯하지만 그 의미는 상당히 달라집니다.

미국의 흑인 인권 운동 지도자이자 목사인 마틴 루터 킹은 암살되기 직전에 다음과 같은 메시지를 남겼다고 합니다.

"우쭐대기 좋아하는 사람, 남을 위해 좋은 일로 우쭐대기 좋아하는 사람이 되십시오."

인간을 성숙시키는 좋은 질병, 좋은 암, 좋은 참견(저는 이것을 '위대한 참견'이라고 합니다), 때로는 좋은 일을 할 수 있는 불량배들….

'좋다'는 형용사로 사물을 생각함으로써 기뻐하는 사람이 늘어나고 있습니다. 거기에는 당신 자신도 포함됩니다.

무슨 일에나 '좋다, 좋아'를 붙여 표현해 보십시오. 세계가 넓어질 겁니다.

누구에게든
정중하게
대하자

'암철학외래'에서는 컴퓨터도 진료 기록부도 필기도구도 사용하지 않습니다. 환자와 나, 두 사람 사이에는 향기로운 차와 맛있는 과자뿐입니다. 그리고 나는 한가로운 표정으로 환자에게 가볍지만 정중하게 말을 붙입니다.

『무사도(武士道)』에 이런 말이 있습니다.

"가벼운 인사말과 지극히 정중한 표현의 말씨는, 모든 무사가 상류 계급 일상생활에서의 보편적인 신조로 삼고 실천하고 있다."

예나 지금이나 힘들고 바쁘게 살다 보면 비참한 마음이 먼저 들 때가 있습니다.

옛날 어떤 위인은 아무리 바빠도 그것을 얼굴에 드러낸 적이 없다고 합니다. 누군가가 자신을 만나러 오면 즉시 몸가짐을 바로잡고 최선을 다해 접대했습니다. '좀 볼일이 있어서' 따위는 전혀 생각하지 않았다고 합니다.

진정한 위인이란 바로 그런 사람입니다. 저도 평소 마음 편하게, 가벼운 마음으로, 누구를 만나든 정중하게 대하고 싶습니다.

30분간의 침묵을
견뎌낼 수 있는
인간관계를 만들자

침묵이 30분간 지속되어도 서로가 고통을 느끼지 않는 관계를 만들면 좋습니다.

사실 이것은 약 100개가 넘는 메디컬카페의 목표이기도 합니다. 입장이 다른 사람들이 하나의 테이블에 마주 앉아 30분간 침묵이 지속되어도 불편하고 고통을 느끼지 않는 자리를 제공하는 것이죠.

문병하러 온 대개의 사람들은 10분 정도 지나면 병실을 나섭니다. 그 시간이면 할 말이 없어지고 침묵의 세계를 견뎌낼 수 없기 때문이죠. 굳이 할 말이 없다면 침대 곁의 의자에 앉아 책이나 신문을 읽고 있어도 되는데 말입니다. 상대방의 '오로지 당신이 내 곁에만 있어다오'라는 마음을 헤아려 주는 겁니다. 억지로 대화를 할 필요는 없으니까요.

침묵의 시간도 소중한 시간입니다. 굳이 아무 말도 하지 않아도 좋습니다. 잠자코 곁에 있어만 주어도 상대방의 마음은 흐뭇해집니다.

차 한 잔만으로도
관계가 따스해진다

침묵을 견뎌낼 수 없다면 차를 마시면 됩니다. '암철학외래'에서도 차를 준비해 두었습니다. "오늘은 좀 어때요?"라는 말을 건네고 함께 차를 마시면서 30분, 1시간을 이야기합니다.

무슨 말을 해야 좋을지 모를 때는 '어떻게 하면 좋지?' 하는 표정을 지으며 또 한 모금 차를 마십니다. 이렇게 하여 '잠깐 동안의 시간'을 가집니다. 밝은 얼굴은 아니고 심각한 표정으로 마십니다. 억지웃음은 짓지 않습니다.

난처한 입장에 있는 사람과 대화를 할 때는 차를 빼놓을 수 없습니다. 함께 차를 마시기만 해도 그 자리의 분위기가 누그러지며, 상대방과의 거리가 좁혀지고, 서로에게 말을 걸기가 쉬워집니다.

곤혹스러우면 차를 마시고, 침묵을 공유하는 것이 '암철학외래'의 일상입니다.

지원만 하지 말고
몸으로 다가서자

물질로 지원하는 것보다 몸으로 다가서는 일이 더 어렵습니다.

격려하겠다, 돕겠다는 말은 '지원하는' 겁니다. 물론 지원하는 것도 소중한 일이지만, 막상 지원할 수 없다는 것을 알게 되는 그 순간에 상대방에게 무관심해집니다.

'바싹 다가선다'는 것은 단지 곁에 있어 주는 것, 최후까지 관심을 갖고 가까이 있는 겁니다. 지원할 것이 아니라 바싹 다가서고, 곁에 있어 주며, 그리고 최후까지 관심을 버리지 않아야 합니다.

예전의 우리는 마지막까지 믿을 수 있는 인간관계는 가족이라고 생각했습니다. 가족이야말로 자신의 근원이라고 굳게 믿었습니다. 하지만 현대에는 차갑고 쌀쌀한 가족으로 인해 고민하는 사람이 많으며, 급기야 가족이나 친척보다 차라리 따스한 이웃사촌이 낫다고 말하기도 합니다. 유감스럽게도 이것이 오늘날 우리 사회의 현실입니다.

그럼에도 우리는 먼저 가족의 중요성을 깨달아야 합니다. '몸으로 바싹 다가서는' 사람이 바로 가족이니까요.

달리던
말에서 내려
꽃을 보다

역경에 처한 상대에게 바싹 다가선다는 것은 '말에서 내려 꽃을 보는 것'과 같습니다. 말을 타고 가는 도중 꽃길을 지났다면 말에서 내려 꽃으로 다가가 다친 꽃이 없는지 살펴보라는 의미입니다.

『무사도』에는 무사의 자비에 관해 다음과 같이 설명되어 있습니다.

"무사의 입장에서의 사랑은 맹목적인 충동이 아니라, 정의에 대해 적당한 고려(顧慮)를 할 수 있는 사랑이다."

여기서 '고려(顧慮)'란 배려를 의미합니다. 즉 니토베 이나조는 "약해진 인간에게 정의감을 내세워 보았자 의미가 없다. 역경에 처한 상대방의 입장에 바싹 다가서 주는 것이야말로 사랑이다"라고 말합니다.

'만약 내가 상대방의 입장이라면 무엇을 해 주기 바랄까?' 이것을 생각하면서 상대방에게 해 주면 됩니다.

그러기 위해서는 먼저 말에서 내려 꽃을 살펴보는 심정이어야 한다는 것입니다.

상대방을
모두
이해하고 있다고
지레짐작하지
말자

상대방의 입장이 되어 생각한다는 것은 인간으로서의 고상한 행위입니다. 다만 상대방을 모두 이해하고 있다고 지레짐작해 행동하는 것은 좋지 않습니다.

1868년 일본 내전(內戰) 때, 신정부(新政府) 측의 군대를 이끌던 사이고 다카모리는 진군 도중 구정부(舊政府) 측의 사자에게 이렇게 말했습니다. "이번에는 틀림없이 우리가 이길 것이라고 너희 사령관에게 전해라." 이를 전해들은 구정부군 측의 가쓰 가이슈(勝海舟)*는 이렇게 대답했습니다. "나의 입장에 서 보지 않고서는 지금 나의 심경이 어떤지 모를 것이다." 그 말을 들은 사이고 다카모리는 곤경에 처한 친구의 말을 이해하고 크게 웃었다고 합니다.

이 사례뿐 아니라 아무리 친한 사이라도 해도 본인밖에 모르는 일은 많이 있습니다. 우리는 흔히 지인이 아프다고 하면 "괴롭겠구나, 여간 힘들지 않겠구나." 하고 위로를 건네지만, 진정한 고통은 질병을 앓고 있는 환자 외에는 모르는 겁니다. 다시 말해 환자도 상대방이 자신을 100퍼센트 이해해 주고 있을 거라고 기대하지 않습니다. 지나친 기대는 실망으로 끝날 때가 많으니까요.

● 가쓰 가이슈(勝海舟, 1823~1899년) : 메이지 정부의 고급 관리. 일본 해군을 근대화하고 해안 방어 체제를 발전시키는 데 공헌했다. 1868년 무력 충돌 없이 천황파가 에도에 입성하는 데 결정적인 공을 세웠다.

질병에 걸리면
누구나
어린애가 된다

이제까지 훌륭했던 사람이 질병에 걸린 이후 말귀를 못 알아듣는 어린아이로 되돌아간 듯한 행동을 하는 경우가 있습니다.

자기중심적이고 항상 자신이 우선인 데다 "내가 언제나 옳다. 아무도 나의 기분을 알아주지 않는다"라면서 고통스러워하고 있는 자신을 더욱 이해해 주기 바랍니다. 마치 세 살 먹은 아이처럼 말이지요.

이런 경우에 주변 사람들은 어떻게 대처하면 좋을까요?

우리네 인생살이에는 상대방이 잘못되었어도 인정하지 않을 수 없는 때가 있습니다. 지금이 바로 그때입니다. 너그러운 마음으로 현명하게 접근해 보십시오. 상대방을 한 사람의 성인으로 여기지 말고, 기분이 상한 어린이에게 접근한다는 차원의 관대함으로 바싹 다가서 주는 겁니다.

어린아이처럼 구는 환자의 행동이 끝까지 지속되지도 않습니다. 어린아이가 성장해 가듯이, 환자의 마음도 나날이 성장해 가기 때문입니다.

서로
용서하는 것이
최후의
일

과거를 청산하고 싶을 때 맨 먼저 떠오르는 것이 인간관계입니다.

가족, 친구, 친척 등을 막론하고 좋지 않은 사이였던 사람과의 관계를 회복하고 싶다거나 그 사람에게 자신의 일을 용서받고 싶어 합니다.

그러기 위해서 맨 먼저 해야 할 일은 상대에게 관심을 갖는 겁니다.

별안간 큰 선물을 보내거나 그동안 하지 않던 행동을 취할 필요는 없습니다. '저는 당신에게 관심을 갖고 있습니다. 항상 마음에 두고 있습니다'라는 점만 상대방에게 전달하면 됩니다.

예를 들어 상대방이 살고 있는 지역에 자연재해가 발생했다면 "건강해? 괜찮아? 도와줄 일은 없어?" 하면서 연락을 취해 보는 건 어떨까요?

상대가 더욱 가까운 상대, 즉 남편이나 아내라면 "지금까지 고마웠어, 미안해!" 하고 한마디 건네 보는 겁니다.

결국은 모든 게 사랑입니다.

"사랑의 반대는 증오가 아니라 무관심이다." _ 테레사 수녀

'차우차우'와 같은
얼굴이 되자

'암철학외래'에 상담하러 오는 사람을 어떤 표정으로 맞이하면 좋을까 고민하던 저는 그 답을 '차우차우*'라는 개에게서 찾았습니다.

제가 엄숙한 표정을 짓고 있으면 상대방은 마음의 문을 닫아 버립니다. 그렇다고 해서 심각한 문제를 안고 찾아오는 사람들을 웃는 얼굴로 맞이할 수도 없는 노릇입니다. 그래서 차우차우한테 배우기로 하였습니다.

저는 강연회에서도 차우차우의 사진을 자주 사용합니다. 성난 상태의 차우차우, 온화한 차우차우, 조금 피곤한 차우차우….

차우차우의 사진을 보여 주면 여기저기서 킥킥거리며 웃는 소리가 들려옵니다. 차우차우에게는 사람의 기분을 누그러뜨리는 신기한 힘이 있는 겁니다.

문병하러 온 사람을 어떤 표정으로 만나는 것이 좋을지 모르겠다면, 당신도 차우차우에게 배워 보면 어떨까요?

● 차우차우(chow chow) : 머리가 크고 긴 털이 촘촘한 중간 크기의 중국산 개. 사자와 곰을 닮았다.

제6장

인생을 더욱 풍요롭게 하는 배움

이것저것보다는
'오로지 하나뿐인'
인생을 살자

저는 젊은 시절부터 '오로지 하나뿐인 길을 찾아서 살아가라!'라는 가르침을 받아 왔습니다. 이것저것이 아닌 '오로지 한 길을 걷는 인생'입니다.

'오로지 하나뿐인 것'을 발견하였다면 그 후에는 그것을 응용하며 살아갈 수 있습니다.

어느 관광지의 기념품점에서 발견한 문구 중 이런 말이 생각납니다.

"적은 것으로 만족하는 사람에게 많은 물질은 부질없는 것이다."

주변에 있는 '중요하다'고 여기는 것을 재검토해 보는 것도 좋을지 모릅니다. 진정으로 중요한 것은 몇 가지 안 됩니다.

인간이란 존재는 진품을 획득하면 다른 것은 아무래도 좋다고 생각하는 식입니다. 진품 외의 것은 모두를 버리는 일조차 할 수 있습니다.

'오로지 하나뿐인' 인생을 살아가고 있는 사람은 남에게도 관용적입니다.

이것저것보다는 '오로지 하나뿐인' 인생이 좋습니다. 나머지는 그냥 놔두어도 됩니다.

상냥하게,
정중하게,
차분하게

사람과 만날 때 유의할 점이 있습니다. 바로 '상냥하게, 정중하게, 차분하게'입니다.

남의 험담만 늘어놓거나 불평불만만 하고, 자기 자랑만 하는 등의 행동을 하는 사람을 보면 예로부터 전해 내려오는 '입을 벌려 속살을 드러내는 석류'라는 말이 생각납니다. 남에게 자신의 치부를 드러내는 행위에는 인품도 예의도 배려도 느낄 수 없습니다.

본인은 생각 없이 말을 뱉음으로써 기분이 좋아질지 모르겠지만, 듣는 사람은 불쾌하기만 합니다. 상대를 고려한다면 이런 행위는 삼가야겠습니다.

'아무도 나를 이해해 주지 않는다'고 느껴진다면 자신이 남을 대할 때 '상냥하게, 정중하게, 차분하게'가 습관화되어 있는가를 되돌아보는 것도 좋을 겁니다.

정말로
소중한 것은
쓰레기통에
있다

정말로 좋은 것은 "애개, 겨우 이거야!" 할 정도로 사소한 것일 수도 있고, 때때로 쓰레기통 속에서 빛을 발하고 있는 것을 발견할 수 있습니다.

'암철학외래'에서 내놓는 '언어 처방전'도 그렇습니다. 누구에게나 처방할 수 있고, 돈도 들지 않습니다. 부자이든 가난한 사람이든, 지위나 명예가 있든 없든 누구나 얻을 수 있습니다.

대개 돈이 드는 것은 진짜가 아닙니다. 돈이 드는 것은 아무나 할 수 있는 일이 아니기 때문입니다.

『대표적 일본인』●이란 책의 우에스기 요잔(上杉鷹山)●● 편을 보면 "어느 날, 우네스기 요잔은 눈앞의 조그마한 숯불이 당장이라도 꺼질 것 같다는 것을 알아차렸다. 그는 소중하다는 듯이 그것을 살짝 들어 올려 힘차게 후~욱 불어대었고, 정말 기분 좋게 되살리는 데 성공했다."라는 내용이 나옵니다.

작고 눈에 띄지 않는 것 속에 티를 내지 않는 좋은 것이 있습니다. 이렇게 좋은 것들이 모든 사람의 가까이에 있습니다. 지금은 단지 그 점을 미처 깨닫지 못하고 있을 뿐입니다.

정말로 소중한 것은, 지금 당신 눈앞에 있습니다.

● 『대표적 일본인』: 다섯 명의 역사적 실존 인물에 대한 전기로 구성되어 있으며, 일본인의 삶과 생활 태도, 자녀 훈육, 무사도 정신, 역사, 풍속, 도덕, 윤리, 정책, 교육, 종교 등 다방면에 걸쳐 일본 문화의 좋은 점과 특징을 기술하였다

●● 우에스기 요잔(上杉鷹山, 1751~1822년) ; 일본 에도 시대의 정치가, 다이묘이며, 우에가와 번이 번주이다. 본명인 하루노리보다 은거 후에 쓰기 시작한 법명인 요잔이 더 유명하다.

험담을 들어도
모기한테
물린 것 쯤으로
넘기자

남한테서 험담이나 불쾌한 말을 듣더라도 "뭐, 모기나 벌레 한 마리가 몸에 붙었다고 생각하면 돼. 어깨에 매달려 아무리 콕콕 물어대도 단지 가려울 뿐이지 생명에 지장은 없으니까" 하고 무시해 버리면 됩니다.

마음에 들지 않는 사람한테서 무슨 말을 듣더라도 "알겠습니다. 이젠 됐습니다"라며 넘기면 됩니다.

자기 자랑을 늘어놓는 말을 들어도 "아, 그러세요. 좋겠네요" 하면 상대방도 더 이상 할 말이 없어 끝낼 것입니다.

'당장 할 일은 참아주는 것.'

깊숙이 파고들지 않는 것이 가장 중요합니다.

마주 앉아 진정으로 대화하고 싶은 사람, 가까운 관계가 되고 싶은 사람에게는 "이 다음 언제 만납시다." 하고 약속을 하는 겁니다.

그러므로 저는 제 자신이 존경하는 사람에게 "가까운 시일 내에 또 만납시다"라는 말을 듣는 사람이 되고자 합니다. "오늘은 바쁘니까 이만 안녕!"으로 끝나 버리면, 자신에게는 그만한 가치밖에 없다는 것이겠죠.

흙탕물을
맑게 하는 것은
시간이다

진흙탕으로 더러워진 물을 맑게 되돌리는 방법에는 어떤 것이 있을까요?

몇 가지가 생각나지만, 가장 간단하면서 힘이 들지 않는 방법은 그냥 그대로 흙탕물이 가라앉을 때까지 놔두는 겁니다. 시간이 지나면 진흙은 저절로 바닥에 가라앉고, 윗물은 맑아집니다.

매일같이 발생하는, 사소하면서도 마음에 안 드는 사건은 흙탕물 같은 것. 그냥 놔두면 마음에 안 드는 진흙은 시나브로 바닥에 가라앉고 윗물은 깨끗해집니다.

하지만 많은 사람이 흙탕물을 휘젓고 있습니다. 그러므로 아무리 시간이 흘러도 깨끗해지지 않습니다. 그뿐 아니라 부질없이 더욱 흐려지게 하는 일조차 있습니다.

흙탕물을 맑게 하는 것은 시간입니다. 오로지 그냥 그대로 놔두면 됩니다.

다만 근원적인 문제가 있는 경우에는 그렇지 않습니다.

"본래 물의 근원이 흙탕물인 강에서 어떻게 깨끗한 물을 기대할 수 있겠는가!" _ 우에스기 요잔

그런 경우에는 또 다른 방법을 찾아보아야 합니다.

주변의 시선에만
신경 쓰다 보면
내 삶을 오롯이
살 수 없다

저의 강연에 대한 평가는 두 그룹으로 나뉘는 것 같습니다. '좋다!'라고 기뻐해 주는 사람과 '무슨 말을 하고 있는지 도무지 이해가 안 간다!'라고 하는 사람도 있습니다.

니토베 이나조의 강의도 '좋다!'와 '이해를 못 하겠다!'의 두 부류로 의견이 나뉘었다고 합니다. 니토베의 강의를 '좋다!'고 들은 사람들 중에는 남바라 시게루(전 도쿄데이코쿠대학 총장)가 있습니다.

오늘날에는 무엇을 하든지 '평가'가 내려지다 보니 더 많은 사람에게 좋은 평판을 듣는 것만이 최선인 듯 여겨지는데, 대개 인간이란 두 부류로 나뉘는 법입니다. 그러므로 당신이 진정으로 좋다고 생각한 점은 주변 사람이 뭐라고 하든 어떻게 평가하든 무시할 줄도 알아야 합니다. 그럴 때일수록 누가 뭐라고 하든 신경 쓰지 말고 대담할 정도로 무덤덤하게 행동해야 합니다.

주변의 반응에만 신경을 쓰다 보면 자기 나름의 삶을 살 수 없게 됩니다.

변화시킬 수 있는 것을
변화시키는 용기,
변화시킬 수 없는 것을
받아들이는 냉철함,
그것을 식별하는
지혜가 필요하다

용기에는 두 가지가 있습니다. 진정한 용기와 허황된 용기입니다.

좋은 용기란 어떤 것일까요? 철학자 플라톤의 말을 빌리면 '두려워해야 할 것과 두려워해서는 안 되는 것을 식별하는 것'이 되겠죠.

사실은 두려워할 것이 없는데도 지레 두렵다고 확신하는 경우가 있습니다. 예를 들어 '암은 무섭다'고 말하는 사람도 있는데, 암이 두려워해야 할 존재는 아닙니다. 냉철하게 받아들여 대처해야 합니다.

미국의 신학자 라인홀드 니버*가 남긴 유명한 말이 있습니다.

> "신이시여, 변화시킬 수 없는 것을 받아들이는 냉철함과, 변화시킬 수 있는 것을 변화시키는 용기를, 그리고 그 차이를 식별할 수 있는 지혜를 주십시오."

지나치게 미래의 일만을 생각하지 않는 것도 중요합니다.

---

* 라인홀드 니버(Niebuhr, Reinhold, 1892~1971년) : 프로테스탄트 신학자로, 미국의 변증법 신학의 대표자. 1929~33년의 세계적 대공황의 시기에 '위기의 신학'이라고 일컬어지는 신학의 입장을 세웠다.

세상 사람들이
손해라고 하는 것은
손해가 아니다

돈이 될지 안 될지, 자신에게 손해인지 득인지, 주변의 찬성을 얻을 수 있는지 아닌지, 그런 것은 어찌 되든 상관없습니다. 이런 모든 것을 그냥 놔두는 겁니다. 한 마리의 벼룩이나 곤충에게 물린 것에 불과합니다.

무덤덤할 정도로 대담해집시다.

살아가는 데 돈은 꼭 필요하지만, 그것만 생각하고 있으면 진정으로 좋은 것은 생기지 않습니다.

"신념을 가지고 하는 일은 귀신도 피해 간다"라고 했던 사이고 다카모리를 본보기 삼아 진정으로 좋다고 생각하는 일은 신념을 가지고 추진하는 겁니다. 니노미야 손토쿠*도 이렇게 말했습니다.

"신념을 가지고 해야 할 일이라면 결과를 불문하고 해야 한다."

"덕(德)을 쌓는 자에게는 부(富)를 추구하지 않아도 부가 생긴다. 따라서 세상 사람들이 손해라고 하는 것도 손해가 아니고, 득(得)이라고 하는 것도 득이 아니다." _ 사이고 다카모리

● 니노미야 손토쿠(二宮尊德, 1787~1856년) : 일본 에도 시대 말기의 농정가. 1822년 이래 오다와라한의 영내 농촌 경영에 수완을 발휘하였으며, 다시 막부에 초빙되어 닛코 등 각지의 황무지 개척과 농촌 재건에 성공하였다.

모든 일에는
순서가 있다

모든 일에는 순서가 있는 법입니다. 그 점에 관해서 니노미야 손토쿠는 다음과 같이 말합니다.

"콩 심은 데 콩 나고 팥 심은 데서 팥 난다. 사람은 자기가 뿌린 대로 거두는 법이다."

또 이렇게 말합니다.

"비록 멀리 돌아가는 길처럼 보여도 그 길이 가장 가까우며 가장 효과적인 길일 수도 있다. (생략) 최초에 도덕(道德)이 있고, 사업은 그다음에 있는 것이다. 후자를 앞자리에 두면 안 된다."

뭔가를 성공시키려고 할 때 반드시 통과하지 않으면 안 되는 길이 있습니다. 그 길을 가로질러 지름길로 간다 하여도 진정으로 원하는 것은 얻을 수 없을 겁니다.

사람은 자기가 뿌린 것을 거두는 법이며, 뿌린 씨앗에서 다른 싹이 돋아나는 법은 없습니다.

사치스런
생활만 하지 않으면
위험은 없다,
베풀되
낭비는 하지 마라

"질병에 걸린 탓에 이전처럼 똑같이 일할 수 없게 되었습니다.", "한직으로 발령받아 업무에 보람을 느끼지 못하고 있습니다."

이러한 고민을 안고 있는 사람에게 해 주는 조언은 정해져 있습니다.

"의식주만 족하면 되잖습니까? 보람은 다른 곳에서 발견할 수 있습니다."

18세기 후반, 우에스기 요잔은 요네자와번(米沢藩)이라는 지방 자치단체의 단체장 번주(藩主)가 될 즈음에 네 가지 서약을 하였습니다. 그중의 하나는 "다음 말을 밤낮으로 잊지 마라. 사치스런 생활만 하지 않으면 위험은 없다. 남에게 베풀되 낭비는 하지 마라"입니다.

경제적으로 여유가 없다면 소박한 삶을 살면 됩니다. 이것이 바로 '사치스런 생활만 하지 않으면 위험은 없다'입니다.

지금은 조금만 노력하면 의식주를 해결할 수 있는 시대입니다. 그렇기에 비록 풍족하지는 않더라도 평범하게 생활하고 있으면 그다음은 걱정하지 않아도 됩니다. 한직에 만족하며, 현재를 즐겁게 살아가야 하지 않겠습니까?

대개 금전적인 풍요로움과 마음의 풍요로움은 비례하지 않는 경우가 많습니다.

지위가
높은 사람이
물질을
추구하면
안 된다

사실은 지위가 높은 사람은 가난하게 사는 것이 낫습니다. 지위가 높은 사람이 많은 물질을 추구하면 안 됩니다. 하지만 현실은 반대입니다. 대개는 지위가 높은 사람이 부자입니다.

우치무라 간조는 '성공의 비결'에 이런 글을 남겼습니다.

"인생의 목적은 돈을 버는 것이 아니라 인품을 완성하는 것이다."

물질을 추구하는 것만이 인생의 목적이 아니라는 것입니다.

정직하게, 성실하게 순리에 따르는 것이야말로 인생의 진정한 목적일 겁니다. 그렇다면 비록 풍족하지는 않더라도, 돈에 여유가 없더라도 노력해서 의식주가 해결된다면 그걸로 족한 겁니다.

욕심 없이 정직하고 성실하게 살아간다는 것은 인간으로서 크나큰 미덕입니다. 그러기 위해서는 남과 비교하지 말고, 욕심을 버리고, 양보할 수 있는 것은 남에게 양보해 주어야 합니다.

좋은 스승,
좋은 벗,
좋은 독서는
인생의
3대 축복

"좋은 스승, 좋은 벗, 좋은 책을 만나는 것은 인생의 3대 축복이다"

전 도쿄데이코쿠대학(현 도쿄대학)의 총장을 역임한 남바루 시게루가 한 말입니다.

하지만 누구나 좋은 스승이나 좋은 벗을 만날 수 있는 것은 아닙니다. 오히려 안 만나야 할 사람을 만난 사람이 많을지도 모릅니다.

반면에 좋은 독서는 누구나 할 수 있습니다. 사람을 만나지 않고 혼자서도 할 수 있습니다. 질병에 걸린 것을 여름휴가로 삼아, 독서의 소중함을 깨닫는 사람이 있습니다.

사람과의 만남이란 언제, 어디서, 어떤 형태로 이루어질지 알 수 없습니다. 축복이자 두려운 일입니다. 모든 만남은 저절로 주어지는 것이 아니라 만남을 계속 추구하는 사람에게 열려 있습니다.

좋은 것은
모방하자,
인생살이는
'모방'이니까

무엇부터 시작해야 좋을지 모를 때는 자신이 '좋다'고 생각한 것을 모방해 보면 됩니다.

아무리 위대한 인물이라도 처음에는 모방부터 시작했습니다. 좋은 것만을 모방한다면 그 후에는 어떻게 하든 좋습니다.

좋은 이야기를 들으면 가족이나 친구에게 말해 줍시다. 말하는 훈련도 되고, 좋은 말은 오래 기억해 둘 수도 있습니다.

성경에서는 "세상에는 새로운 것은 없다"고 가르치고 있습니다. 좋은 것을 모방합시다. 인생살이는 모두 '모방'이니까요.

물론 어리석음이나 험담을 모방하는 일은 없어야 합니다.

좋은 말을
기억했다가
겸허하게 전하면
용기를
북돋울 수 있다

이것이 '암철학외래'에서 내놓는 '언어 처방전'입니다.

자신이 격려 받았던 말, 위로받은 말, 용기를 북돋아 주었던 말…. 그런 말을 기억해 두었다가 역경에 처한 사람에게 "이런 말이 있더군요" 하고 전해 주는 겁니다. 자신의 말이 아니니까 겸허한 마음으로 전해 줄 수 있으며, 상대방을 정중하게 대할 수 있습니다.

"옛날에 이런 사람이 이러이러한 말을 했습니다"하며 전달해 주는 징검다리 역할을 하는 것. 그것이 '암철학외래'에서 저의 크나큰 역할입니다.

전하고자 하는 말을 선택하는 기준으로는 '무엇을 말했느냐?'가 아니라 '누가 말했느냐?'를 중히 여기고 있습니다. 위인이 아닌 사람의 말은 그럴듯하게 들릴 뿐, 사람의 마음에 와 닿지는 않는 경우가 많기 때문입니다.

"자신의 인생에서 좌우명으로 삼을 만한 말을 뇌 속의 서랍에 보관해 두었다가 필요한 때에 꺼내어 사용한다."

언제 꽃이 피고
열매를 맺을지
알 수 없어도
씨앗을
계속 뿌리자

좋은 씨앗을 뿌렸다면 그 다음에는 그냥 놔두면 됩니다. 수확은 또 다른 누군가가 합니다. 중요한 것은 혜택의 씨앗을 계속 뿌리는 것. 언제 꽃이 피고 열매가 맺힐지 알 수 없습니다. 그래도 줄곧 계속 뿌리는 겁니다. 괴롭더라도 계속하다 보면 언젠가 습관이 되어 고통스럽지 않게 됩니다.

'암철학외래'도 씨앗 뿌리기와 같습니다. 씨앗을 뿌린 후 나머지는 다른 사람에게 내맡겨 두는 겁니다. 제가 뿌린 씨앗은 메디컬카페라는 형태로 전국으로 확산되며 꽃을 피워 가고 있습니다.

> "인색한 농부는 씨앗을 아껴 뿌리며, 그 자리에서 큰 수확을 기대한다. 그런 농부에게 돌아오는 것은 기근뿐이다. 현명한 농부는 좋은 씨앗을 뿌리고, 최선을 다해 기른다. 곡식은 백배나 열리며, 농부의 수확은 풍족하게 넘쳐난다." _ 사이고 다카모리

맺음말

"제 꿈은 7명의 천사가 천국에서 카페를 여는 것입니다."

환자에게 이런 말을 하면 모두 부드러운 표정으로 미소를 짓습니다. 내심으로는 '이 선생님, 또 알 수 없는 말을 하는군!' 하고 생각할지도 모르지만, 진정으로 미소 짓는 표정으로 응대해 줍니다.

한가로운 듯한 모습으로 말참견을 한다.

상대방에게 빈틈을 보여주며 마음의 깊숙한 곳을 드러내 보인다.

'암철학외래'의 기본 방침입니다.

참고 문헌

- 『대표적 일본인』(우치무라 간조 저, 이와나미 문고)

- 『무사도』(니토베 이나조 저, 이와나미 문고)

- 『(신역) 일일일언(一日一言)』(니토베 이나조 저, PHP연구소)

저자 소개

히노 오키오(樋野興夫)

1954년 일본 시마네 현 출생. 의학박사. 준텐도(順天堂)대학교 의과대학 병리·종양학 교수. 일반 사단법인 '암철학외래' 이사장. 미국 아인슈타인의과대학 간(肝)연구센터, 미국 폭스체이스 암센터, 암연구회 암연구소 실험병리학부 부장을 거쳐 현재에 이름. 2008년 '암철학외래'를 개설. 암으로 불안해하는 환자와 가족에게 대화를 통해 지원하는 예약제·무료 개인 면담을 하고 있다. 의료 현장과 환자 사이의 '간극'을 메우는 활동을 하고 있다. 간암, 신장암 연구로 공적을 인정받아 일본암학회 장려상을 수상했다. 주요 저서로 『내일 이 세상을 떠난다 하여도 오늘 꽃에 물을 주세요』 등이 있다.

김영진

『김영진 일본어 한자 읽기 사전』의 저자로 알려진 그는 현재 미국의 'Nutrition Therapy Institute'에 입학하여 21세기 최첨단 영양학인 홀리스틱영양학을 전공하고 있으며, 최근 번역서로는『수혈의 배신』,『의사의 거짓말』,『안 아프고 건강하게 사는법』등이 있다. 또한 건강에 관한 최신 정보를 블로그 vitamin119.co.kr에서 제공하고 있다.

질병은 인생의 여름휴가

2018. 3. 20. 1판 1쇄 인쇄
2018. 3. 26. 1판 1쇄 발행

지은이 | 히노 오키오(樋野興夫)
옮긴이 | 김영진
펴낸이 | 이종춘
펴낸곳 | **BM** 주식회사 성안당
주소 | 04032 서울시 마포구 양화로 127 첨단빌딩 5층(출판기획 R&D 센터)
10881 경기도 파주시 문발로 112 출판문화정보산업단지(제작 및 물류)
전화 | 02) 3142-0036
031) 950-6300
팩스 | 031) 955-0510
등록 | 1973. 2. 1. 제406-2005-000046호
출판사 홈페이지 | **www.cyber.co.kr**
ISBN | 978-89-315-8128-7 (03190)
정가 | **13,000원**

이 책을 만든 사람들
책임 | 최옥현
진행 | 안종군
교정·교열 | 신정진
본문 디자인 | 이주원
표지 디자인 | 박원석
홍보 | 박연주
국제부 | 이선민, 조혜란, 김해영
마케팅 | 구본철, 차정욱, 나진호, 이동후, 강호묵
제작 | 김유석

■ **도서 A/S 안내**

성안당에서 발행하는 모든 도서는 저자와 출판사, 그리고 독자가 함께 만들어 나갑니다.
좋은 책을 펴내기 위해 많은 노력을 기울이고 있습니다. 혹시라도 내용상의 오류나 오탈자 등이 발견되면 **"좋은 책은 나라의 보배"**로서 우리 모두가 함께 만들어 간다는 마음으로 연락주시기 바랍니다. 수정 보완하여 더 나은 책이 되도록 최선을 다하겠습니다.
성안당은 늘 독자 여러분들의 소중한 의견을 기다리고 있습니다. 좋은 의견을 보내주시는 분께는 성안당 쇼핑몰의 포인트(3,000포인트)를 적립해 드립니다.

잘못 만들어진 책이나 부록 등이 파손된 경우에는 교환해 드립니다.